AF130976

DENKEN UND RECHNEN 1

Erarbeitet von:
Christiane Gans
Ute Hentschel
Ute Höffer
Steffi Knebel
Sabine Schilling
Annette Winkler

Illustriert von:
Friederike Großekettler
Christine Kleicke
Andreas Schickert
Martina Theisen

westermann

Inhaltsverzeichnis

	Schülerband	Arbeitsheft	Förderheft	Forderheft
4 – 7	**Zahlenraum bis 10**			
	Die Zahlen bis 10	1		
8 – 10	**Geometrie**			
	Orientierung: links – rechts, Visuelle Wahrnehmung	2–3		
11 – 22	**Der Zahlenraum bis 10**			
	Die Zahlen 1 bis 5 – Zerlegungen	4–6	3–7	1, 2
	Strichlisten			3
	Die Zahlen 0 und 6 bis 10	7–9	8–13	4, 5
	Menge – Zahl – Zuordnung		14, 15	6
	Zahlen in der Umwelt			
23	**Geometrie**			
	Körper in der Umwelt			
24 – 26	**Orientierung im Zahlenraum bis 10**			
	Zahlenstrahl, Nachbarzahlen, Zahlen bis 10 vergleichen	10		
27 – 29	**Geometrie**			
	Bauen und vergleichen			
	Körper und Flächen		54, 55	
	Geometrische Formen – Muster fortsetzen	11		25
30 – 35	**Zahlzerlegung**			
	Die Schüttelbox, Pluszeichen	12, 13	18–22	7
	Zerlegen – Kombinationen, drei Summanden	14	16, 17	8, 9
	Das Zerlegehaus	15	23, 24	10
36 – 45	**Einführung Addition**			
	Rechengeschichten – Addieren	16	25–27	11
	Addieren – Pausenspiele		28, 29	
	Das Zehnerfeld	17	30–34	12
	Gleichheit – Zerlegegleichung			19
	Aufgabenmuster – starke Päckchen	18		13
	Tauschaufgaben	19		
	Drei Summanden, Wiederholung			
	Besuch im Zoo	20		14, 15
46 – 49	**Geometrie**			
	Falten, Schneiden, Muster legen			21, 22
50 – 57	**Einführung Subtraktion**			
	Rechengeschichten – minus	21	35–38	16
	Subtrahieren	22	39–43	18
	Aufgabenmuster – starke Päckchen	23, 24		17
	Umkehraufgaben, Aufgabenfamilien, Wiederholung	25, 26		
58 – 65	**Zahlenraum bis 20**			
	Die Zahlen bis 20		44, 47, 48	20
	Bündeln – Zehner und Einer	27	45, 46	
	Ordnungszahlen bis 20, Zahlenstrahl, Nachbarzahlen			37
66 – 69	**Addieren im Zahlenraum bis 20**			
	Das Zwanzigerfeld	28	49	23
	Addieren am Zwanzigerfeld	29, 30	50–53	24
70 – 73	**Geometrie, Einheiten der Länge**			
	Freihandzeichnen	31		
	Punkte und Linien			
	Längen – Zentimeter, Strecken	32–34		

Der Stoffverteilungsplan im Lehrermaterial kennzeichnet die unverzichtbaren und die zusätzlichen Seiten.

Schülerband		Arbeitsheft	Förderheft	Forderheft
74 – 77	**Subtrahieren im Zahlenraum bis 20**			
	Subtrahieren am Zwanzigerfeld	35, 36	56–59	26
	Rechenstrategien – Analogieaufgaben	37, 38	60–63	27–30
78 – 80	**Sachrechnen**			
	Im Winter, Rechengeschichten – zuordnen	39		31
81 – 93	**Operatives Rechnen**			
	Zahlen vergleichen – Ungleichungen	40		33, 38
	Das Rechendreieck, Wiederholung	41	66	35, 36
	Rechenstrategien – Tauschaufgaben	42		
	Starke Päckchen?	43		32
	Ergänzen	44, 45	64, 65	34
	Bauen und Rechnen			
	Nachbaraufgaben	46		
	Vorwärts und rückwärts am Zahlenstrahl	47	67, 68	39
	Rechenvorschriften	48	69, 70	40
94 – 97	**Sachrechnen**			
	Schulbauernhof, Rechengeschichten – zuordnen	49, 50		48
98 – 105	**Operatives Rechnen**			
	Die Zahlenmauer	51	71, 72	41, 42
	Verdoppeln und Halbieren	52, 53		43–45
	Gerade und Ungerade Zahlen, Wiederholung			
106 – 113	**Addieren mit Zehnerübergang**			
	Rechenstrategien			49, 50
	Erst verdoppeln, Aufgaben mit 10, zwei Schritte, Zahlenstrahl	54, 55, 56, 57	73, 74	
	Übungen, Rechendreiecke, Zum Knobeln – Sudoku	58	75–77	46, 47, 60, 61
114 – 117	**Geometrie**			
	Das Geobrett, Spiegelbilder, Wiederholung	59		58, 59
118 – 125	**Subtrahieren mit Zehnerübergang**			
	Rechenstrategien			
	Zwei Schritte, Zahlenstrahl, Aufgaben mit 10	60, 61	78, 79	
	Übungen, Aufgabenfamilien	62, 63	80–82	51, 52
	Rechentafeln	64		
126 – 129	**Sachrechnen, Daten und Diagramme**			
	Wochenmarkt, Rechengeschichten – zuordnen	65		54
	Daten und Diagramme	66		
130 – 134	**Geld**			
	Cent – Münzen, Geldbeträge bis 20 Cent	67		55, 56
	Geldbeträge bis 20 Euro, Flohmarkt	68, 69		57
135 – 137	**Kombinieren, Zeit**			
	Kombinieren	70		53
	Uhrzeiten – Der Tageslauf	71		63
138 – 139	**Zahlenraum bis 100**			
	Bündeln – Zehner. Die Zehnerzahlen bis 100			62
140 – 141	**Geld**			
	Geldbeträge bis 100 Cent, bis 1 Euro			
142 – 144	**Projekte**, Wiederholung			
	Adam Ries, Mathematik und Kunst			
	Das haben wir im ersten Schuljahr gelernt	72	83–88	64

Szenen besprechen, Anzahlen feststellen, Lagebeziehungen verbalisieren.

Formen

_____ Uhr

Lara

5

3

4

6

1 Zuordnen durch Verbinden oder durch Legen von Zahlenkarten (Kopiervorlage).
Evtl. schon das Zehnerfeld nutzen.
2 Farbmuster fortsetzen.

1

Mein linker, linker Platz ist leer.
Ich wünsche mir .... her.

2

links

ANNA

IDA

LISA

TIM

3

4

5

6

1 und 7 Nachspielen. 2 Linke Hände aufmalen.
3 bis 6 Nur nach links gerichtete Tiere anmalen.

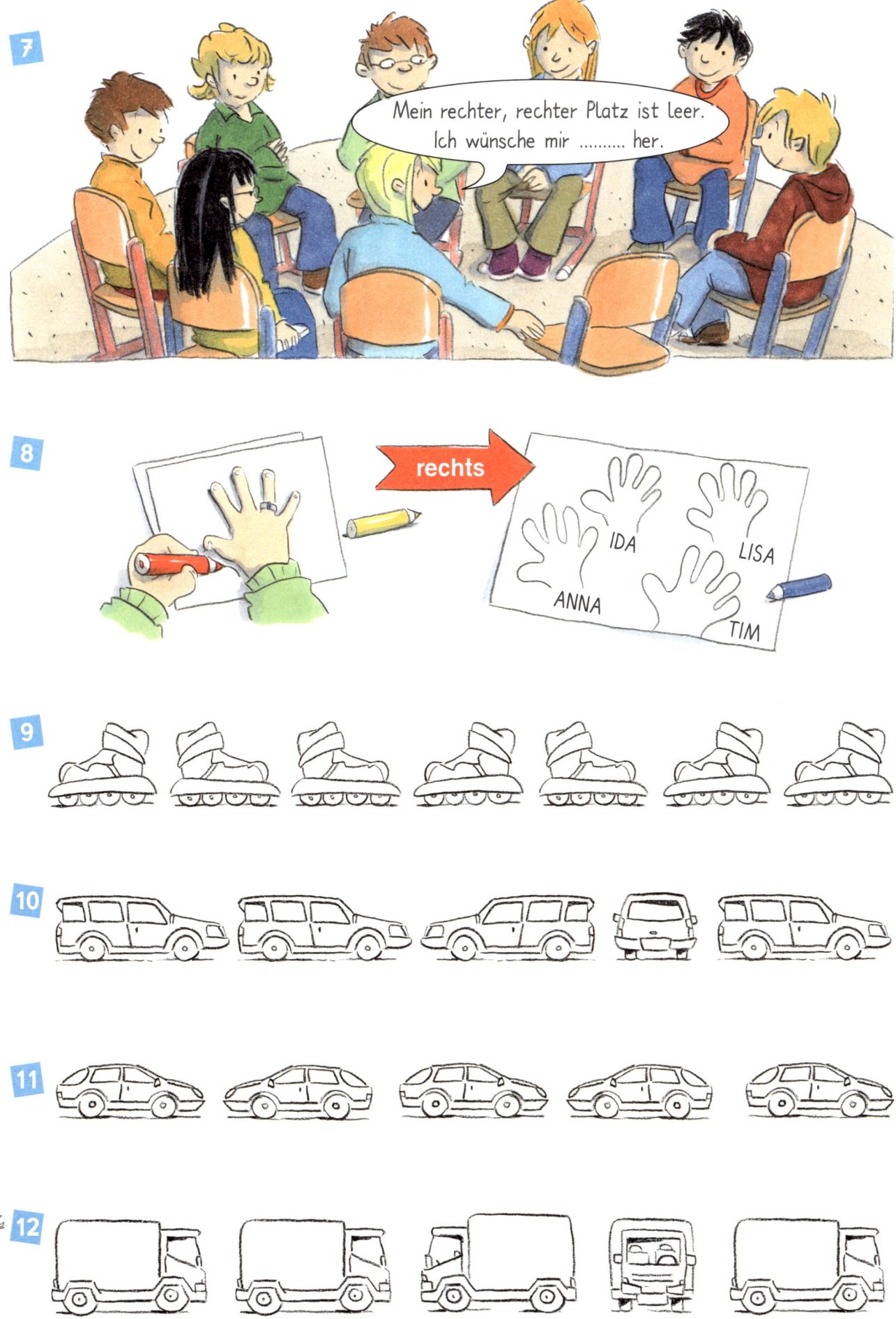

7 Mein rechter, rechter Platz ist leer. Ich wünsche mir .... her.

8 rechts — IDA · LISA · ANNA · TIM

8 Rechte Hände aufmalen.

9 bis **12** Nur nach rechts gerichtete Fortbewegungsmittel anmalen.

Jahrgangsübergreifendes Arbeiten, vgl. Denken und Rechnen 2, S. 8 bis 10.

1 Schau genau hin und male aus.

2

3

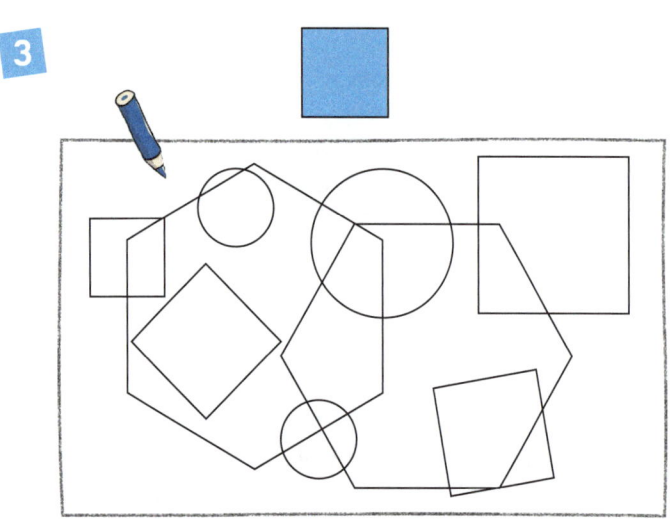

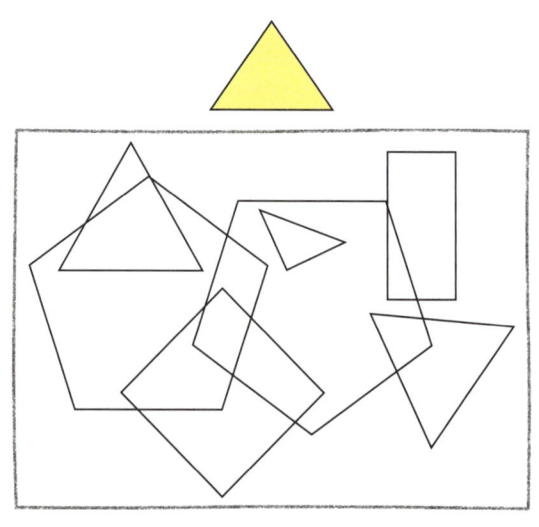

1 Identische Figur herausfinden und anmalen. 2 Figuren wiedererkennen und verbinden.
3 Quadrate und Dreiecke finden und anmalen.
Jahrgangsübergreifendes Arbeiten, vgl. Denken und Rechnen 2, S. 8 bis 10.

1 1 1

4 2 2 2

1

2

3 3 3

3 Immer 3. 3

4 123 123 12 23

5

Delfinaufgaben sind schwieriger.

2 Zahlen nachspuren. **3** Vierermengen einkreisen. **4** Zahlenfolgen bauen. **5** bauen

3 Immer 5.

4 Ich habe 2 rote und 3 blaue Plättchen geworfen.

3 Mengen einkreisen, Zerlegungen aufschreiben.
4 Plättchen werfen, nachspielen, aufmalen, Zerlegungen aufschreiben.

Früchte für Obstsalat

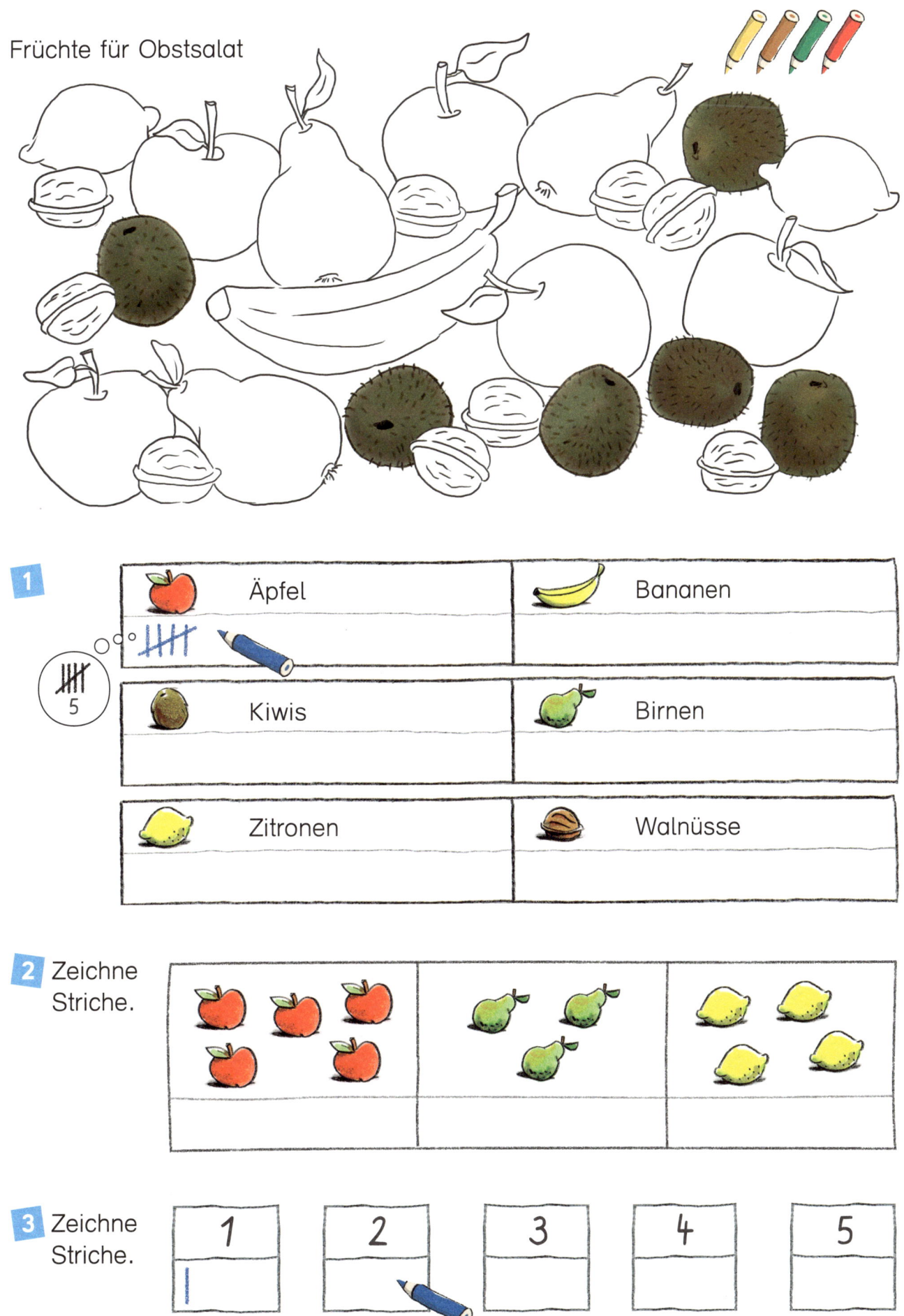

1

	Äpfel		Bananen
	Kiwis		Birnen
	Zitronen		Walnüsse

2 Zeichne Striche.

3 Zeichne Striche.

1	2	3	4	5

1 Jeweils eine Frucht anmalen, Strich setzen.
Fünferbündelung thematisieren.

1

☐   ☐   ☐   ☐   0

2

0   0   0

3

voll   leer

5   ☐   ☐   ☐   ☐   ☐

4

4   3   0   5

5

2	1	5	0	4	3
‖					

6	8	7	10	9

1 und 3 Rechengeschichten erzählen.
4 Mengen zeichnen. 5 Strichliste führen.

1 Nur die 6 zählt.

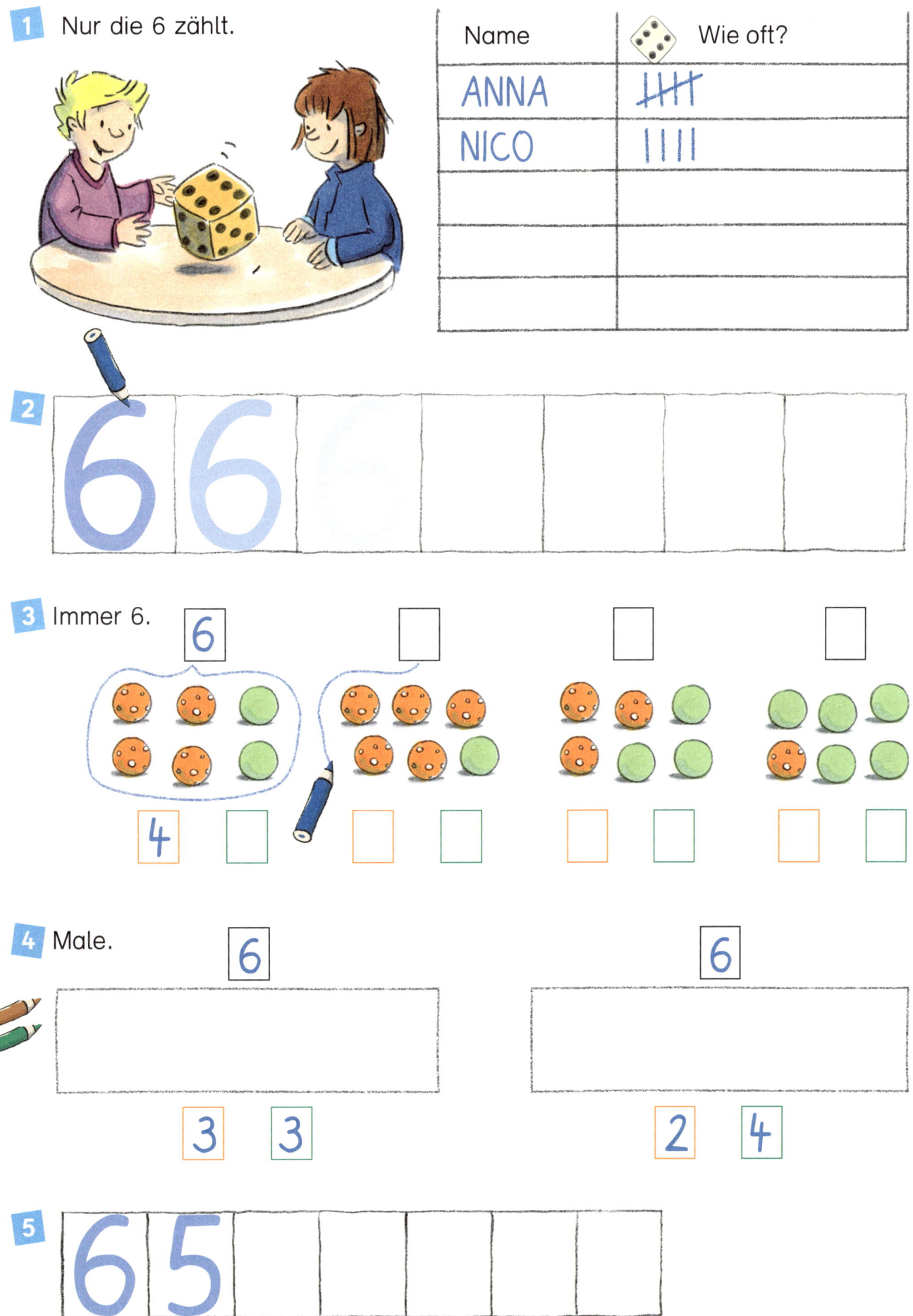

Name	🎲	Wie oft?
ANNA	|||||	
NICO	||||	

2 6 6 6

3 Immer 6.

6   ▢   ▢   ▢

4   ▢   ▢ ▢   ▢ ▢   ▢ ▢

4 Male.

6   6

3   3   2   4

5 6 5

1 Spielregeln besprechen, Strichliste führen, Leerzeilen für eigene Namen und weitere Spieler.
5 Zahlenfolge fortsetzen.

1

Immer 7?

LHL LHL II

2

7 7 7

3

6 □

□ □

□ □

□ □

□ □

5 □

Überprüfe andere Würfel.

NICK

4

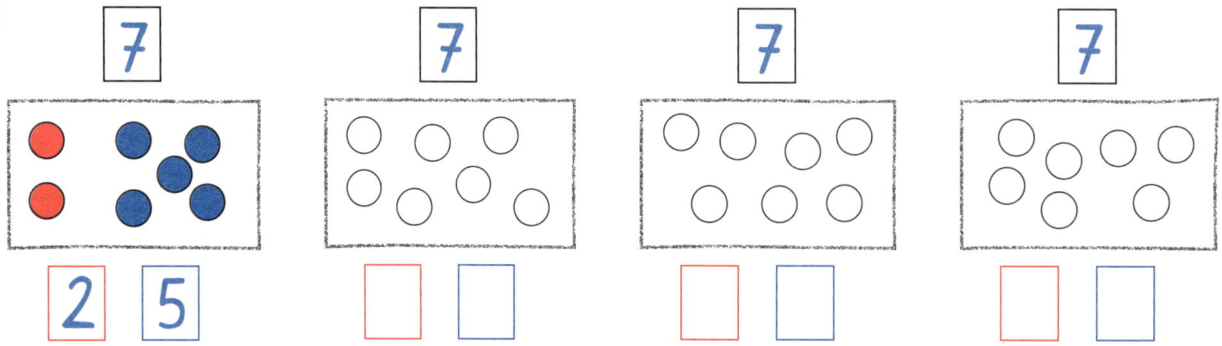

| 7 | 7 | 7 | 7 |

2 5   □ □   □ □   □ □

1 Gegenstände im Bild suchen, mit Strichliste zählen.
3 Summe 7 entdecken. Fehlendes Würfelbild malen.
4 Plättchen werfen, Zerlegungen aufmalen und beschreiben.

1 Wie viele Beine hat eine Spinne?

2

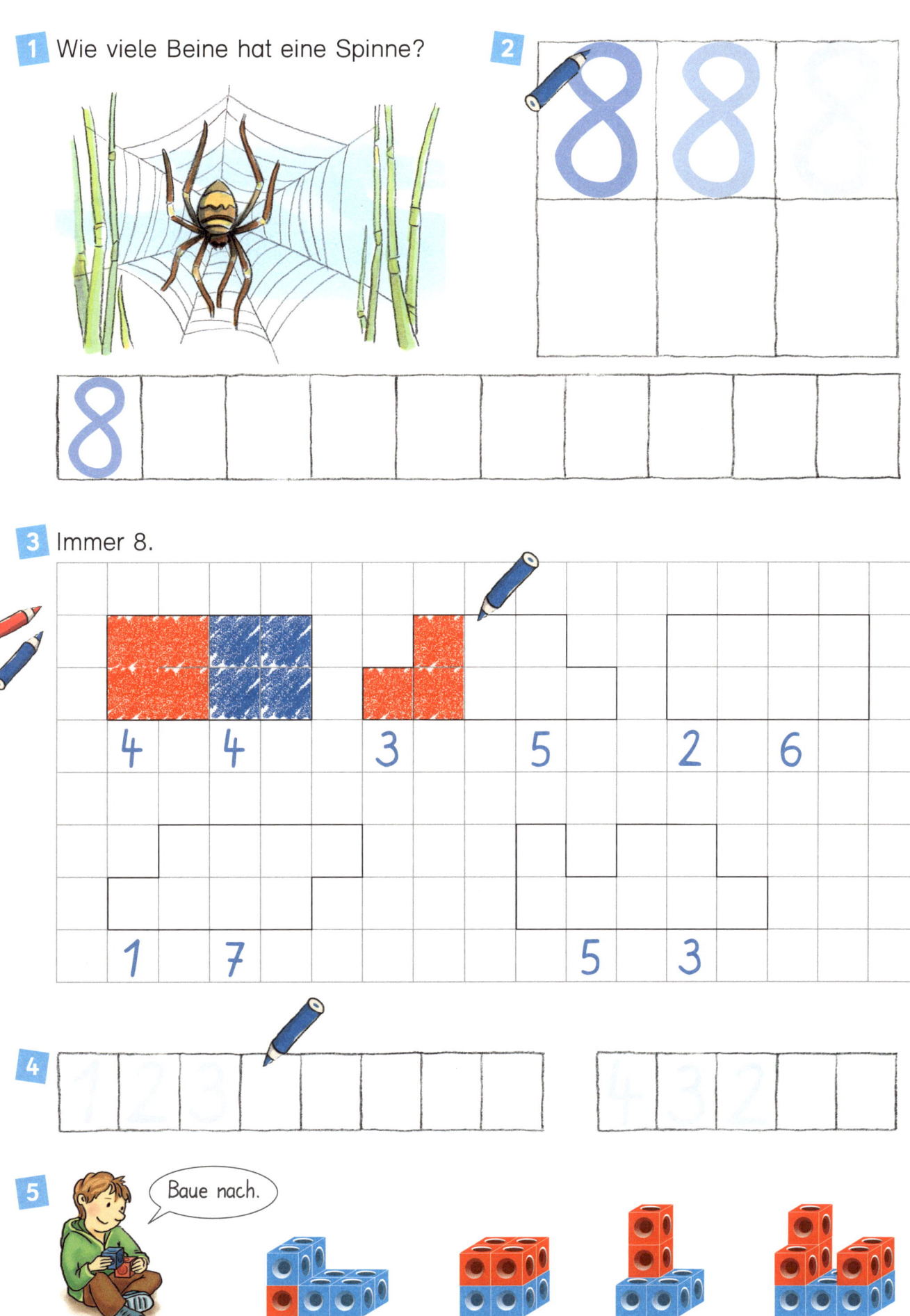

3 Immer 8.

4   4   3   5   2   6

1   7   5   3

4

5 Baue nach.

1 In Natur, Internet und Büchern forschen.
3 Jeweils mit zwei Farben anmalen, weitere Figuren im Heft zeichnen.
4 Zahlenfolgen fortsetzen. 5 Nachbauen mit Steckwürfeln.

1

2

9	9	9

9									

3 Immer 9.

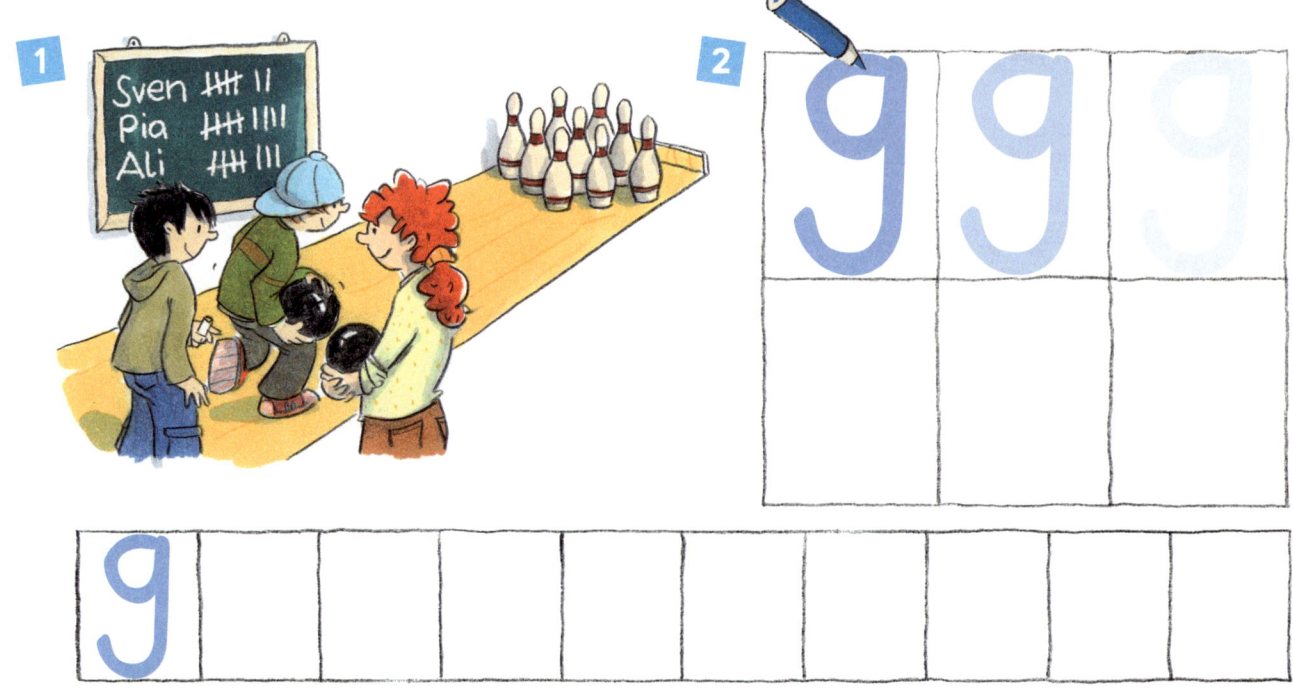

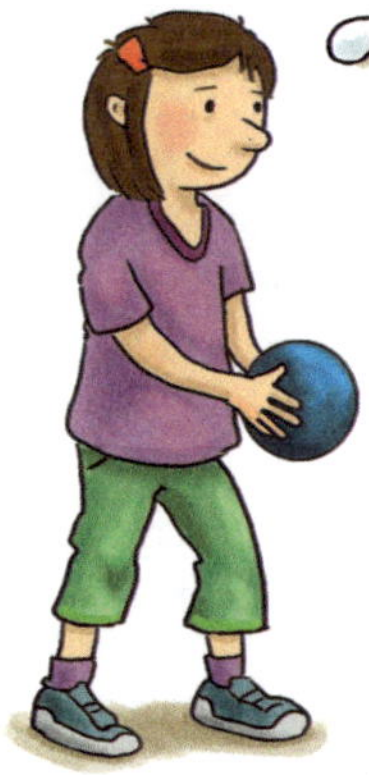

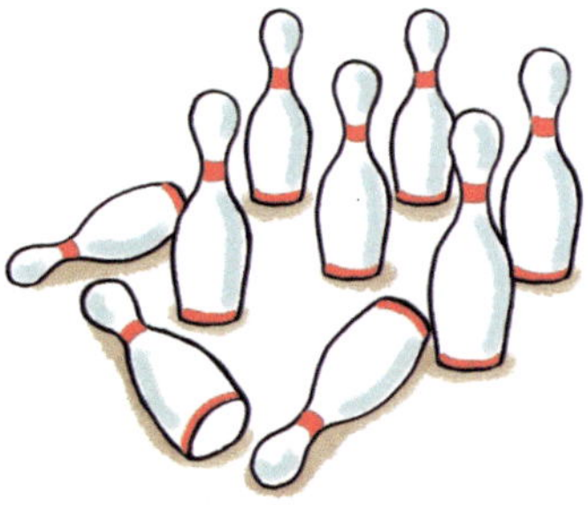

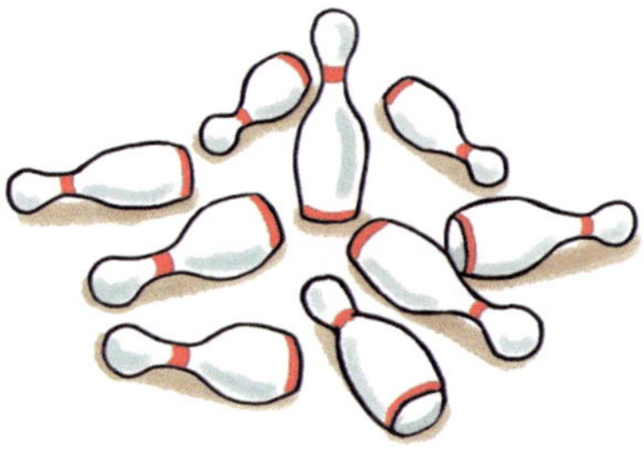

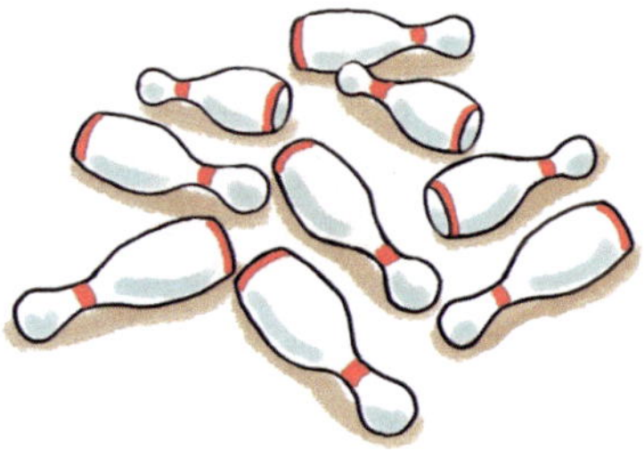

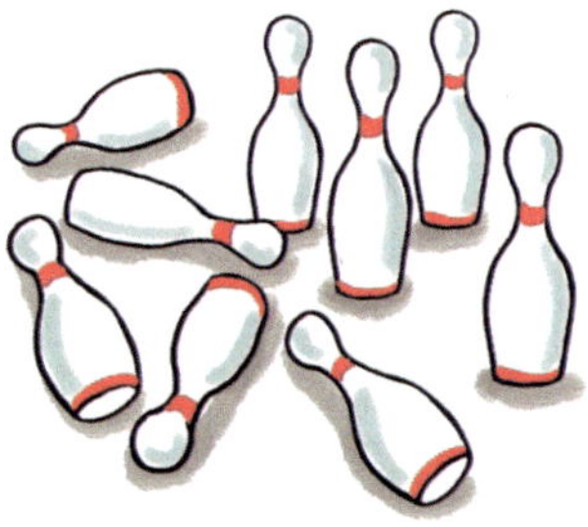

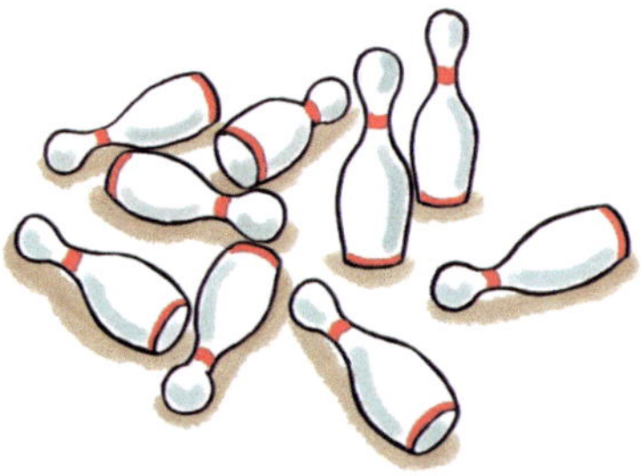

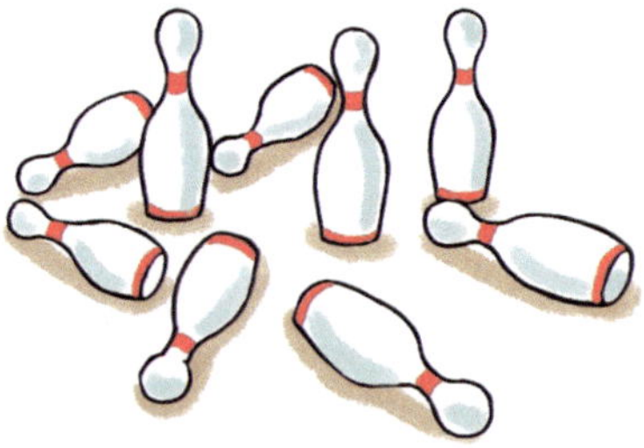

4

0	2	4		

1	3		7	

1 Spielregeln klären, feststellen, wer gewinnt.
3 Zerlegungen finden und aufschreiben. 4 Zweierschritte.

1

10

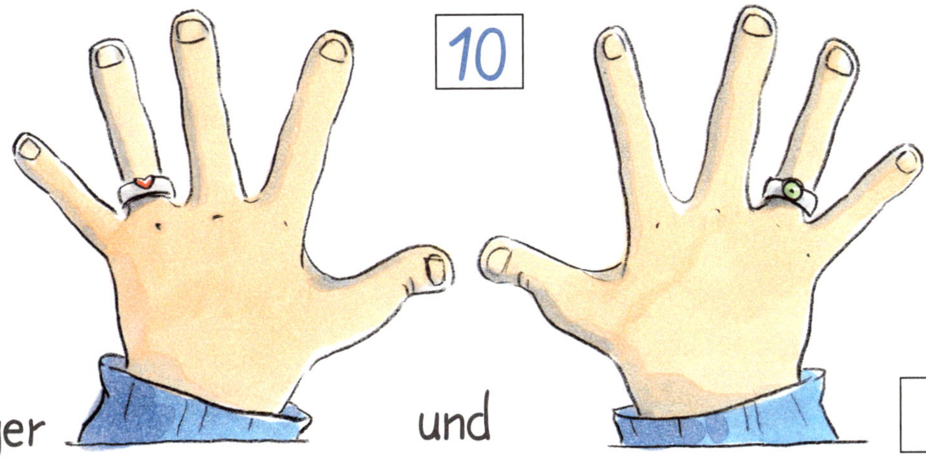

|5| Finger und | | Finger

2

10

3 Wie viele Finger sind versteckt?

|3| |7| |5| | | |6| | | | | | |

| | | | | | | | | | | | | | | |

4

Zeige 7.

Wie viele Finger sind versteckt?

3 Zerlegungen aufschreiben.
4 Partnerarbeit: Zahlen mit Fingern schnell zeigen.

1 Wo findet ihr Zahlen?

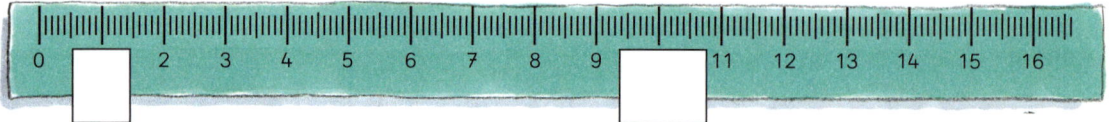

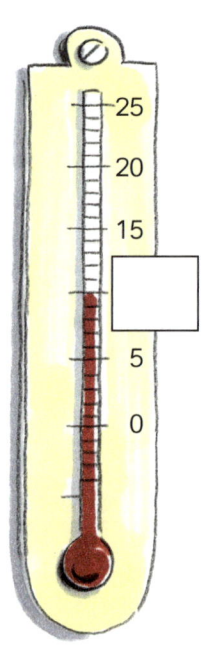

2  Ich forsche gern!

Forschungsauftrag

Wozu braucht man solche Zahlen?

1 Fehlende Zahlen eintragen. Suchauftrag: Weitere Beispiele finden.
2 Bedeutung der Zahlen erforschen.
Jahrgangsübergreifendes Arbeiten, vgl. Denken und Rechnen 2, S. 25.

1

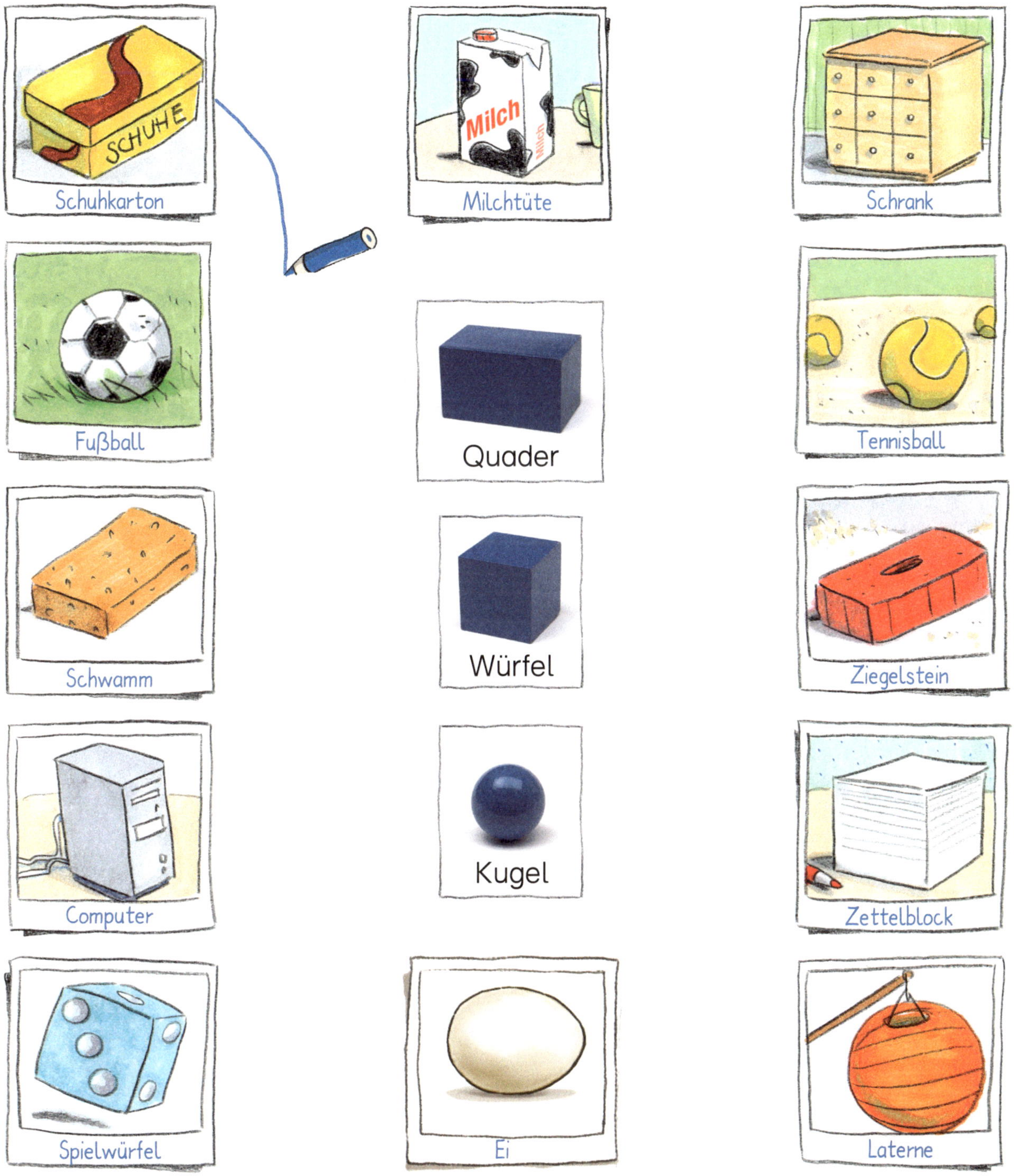

Schuhkarton	Milchtüte	Schrank
Fußball	**Quader**	Tennisball
Schwamm	**Würfel**	Ziegelstein
Computer	**Kugel**	Zettelblock
Spielwürfel	Ei	Laterne

2 Male an:

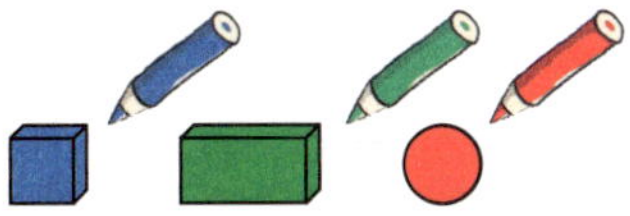

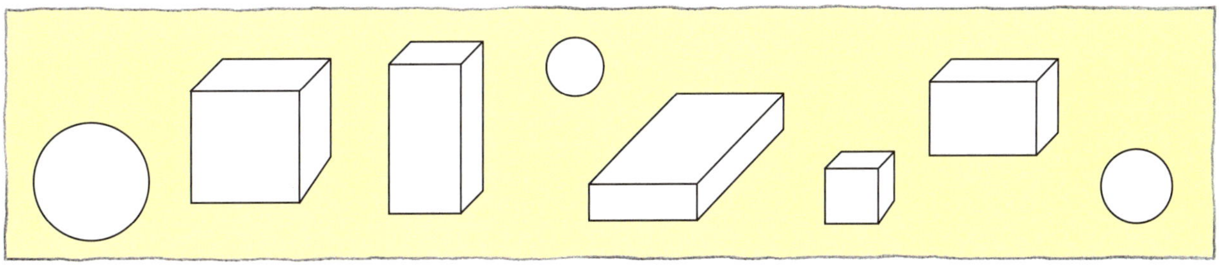

1 Gegenstände beschreiben und den Körperformen zuordnen. Diff.: Weitere Gegenstände und Verpackungen sammeln
und nach den Körperformen sortieren. Evtl. thematisieren, dass der Würfel ein besonderer Quader ist.
2 Welche Gegenstände rollen, welche kippen? Jahrgangsübergreifendes Arbeiten, vgl. Denken und Rechnen 2, S. 25.

1

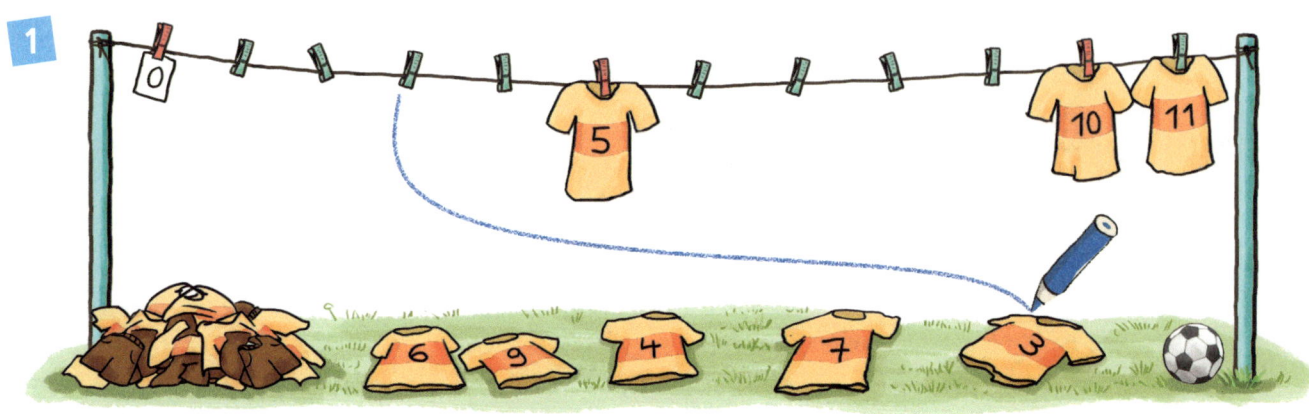

0
5
10
11
6
9
4
7
3

2

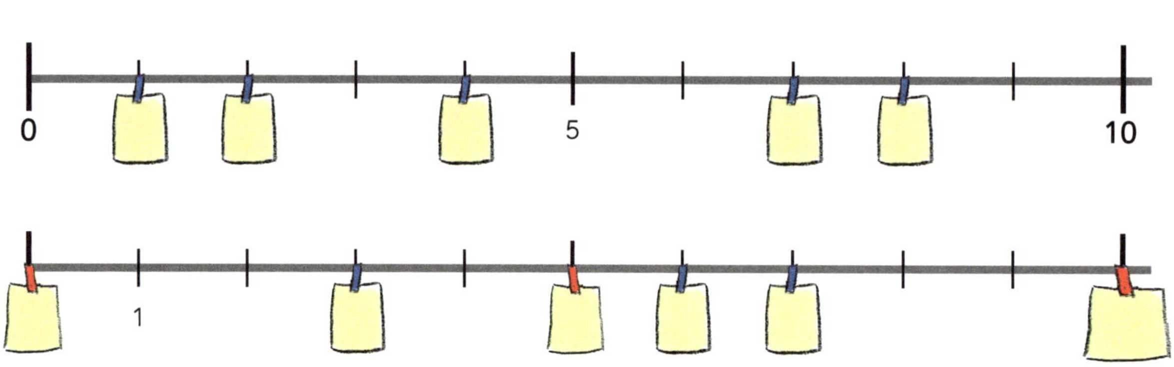
0
5
0
6
0
5
10
1

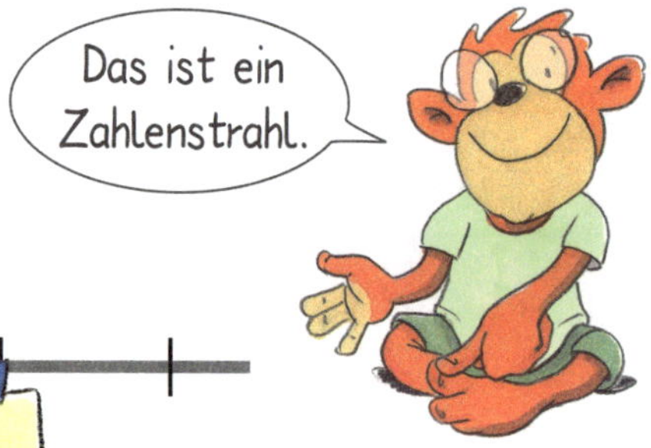
Das ist ein Zahlenstrahl.

3

Verbinde.

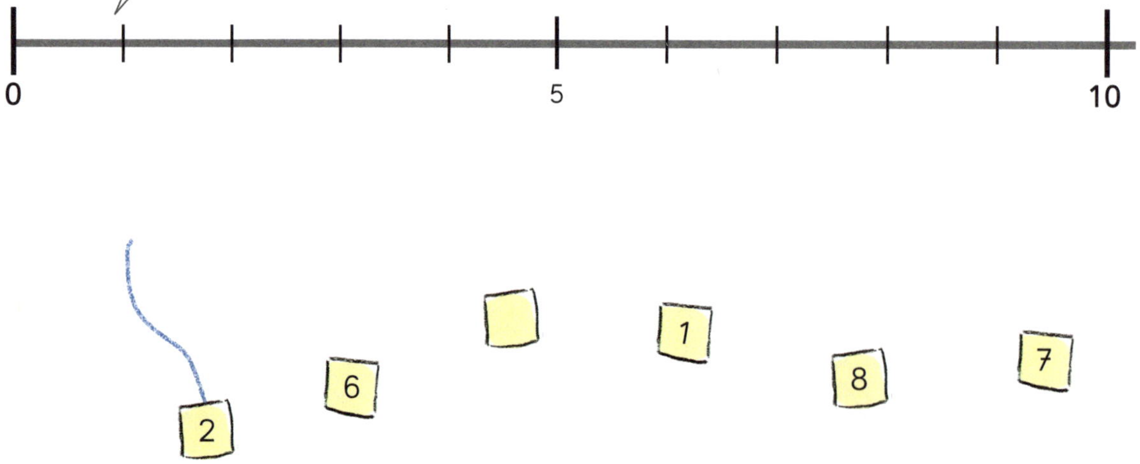
0
5
10
2
6
1
8
7

Zahlenstrahl einführen, Bedeutung unterschiedlicher Strichstärken („Kraft der 5“) klären.
2 Zahlen eintragen. **1** und **3** Verbinden.

1

1   2   3   4   7

2

5   6   3   9

Vorgänger   Nachfolger

2   8   5

3

1	2	3
	8	
	5	
	3	

	7	
	4	
	1	
	6	

	9	
	10	
	12	
	11	

4

Vorgänger	Zahl	Nachfolger
3	4	5
	9	
	2	
	5	
	7	
	1	

5

Vorgänger	Zahl	Nachfolger
7		
2		
		3
	6	
0		
		10

1 bis 4 Den Vorgänger und Nachfolger einer Zahl bestimmen.
5 Mit einer Zahl, ihrem Vorgänger und Nachfolger variantenreich umgehen.

1

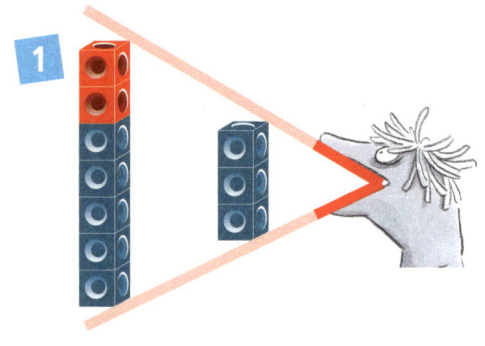 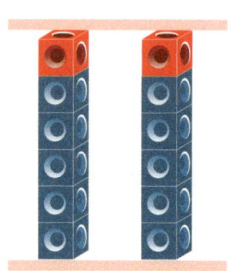 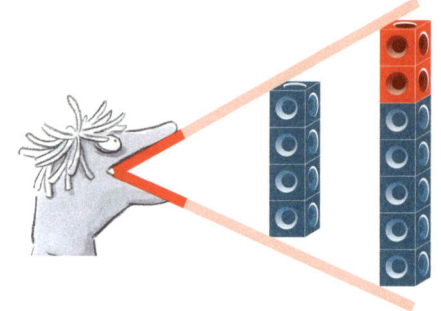

7 > 3

ist größer als

6 = 6

ist gleich

4 < 7

ist kleiner als

2 Vergleiche die Türme.

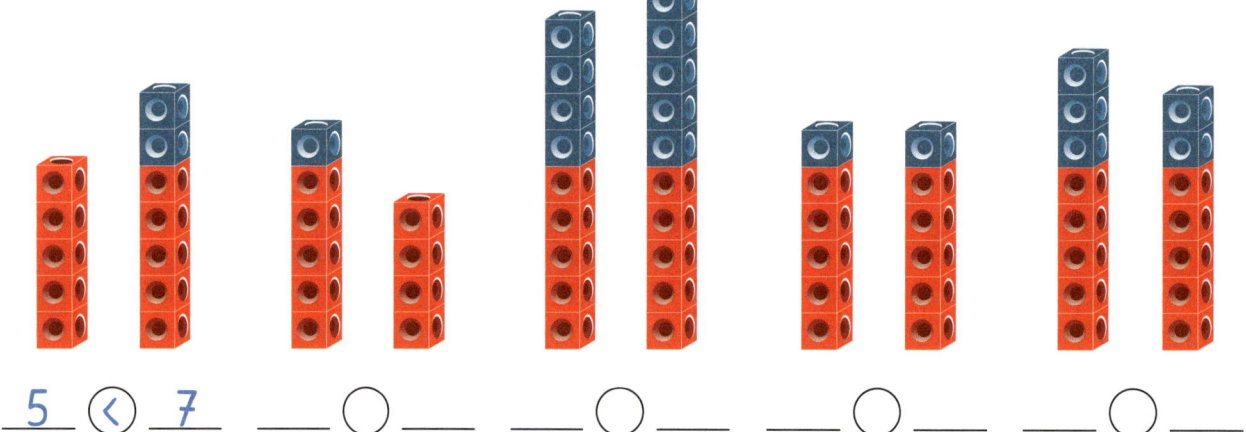

5 < 7   ___ ◯ ___   ___ ◯ ___   ___ ◯ ___   ___ ◯ ___

3 Baue Türme und vergleiche.

5 < 7   9 ◯ 3   3 ◯ 2

8 ◯ 10   4 ◯ 1   8 ◯ 5

6 ◯ 5   7 ◯ 6   10 ◯ 4

4

9 ◯ 9   8 ◯ 3   10 ◯ 9

6 ◯ 2   10 ◯ 5   7 ◯ 8

4 ◯ 7   2 ◯ 8   2 ◯ 2

5 Trage die Zahlen passend ein. Verwende jede Zahl nur einmal.

1 5 3 2 4 0

1 < ☐

☐ < ☐

☐ < ☐

8 2 3 6 1 5

☐ > ☐

☐ < ☐

☐ > ☐

Baue und vergleiche.

1

___ ◯ ___

___ ◯ ___

___ ◯ ___

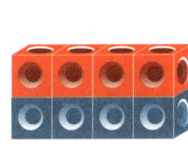 

___ ◯ ___

___ ◯ ___

2

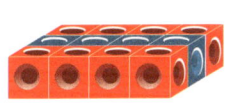 

___ ◯ ___

___ ◯ ___

3 Trage Zahlen passend ein.

| 3 | < | ☐ |
| 5 | < | ☐ |

| 8 | > | ☐ |
| 2 | > | ☐ |

| 1 | < | ☐ |
| 6 | = | ☐ |

W

4

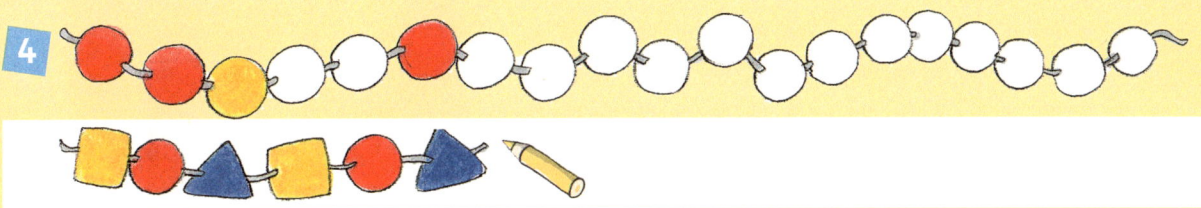

5

rechts

links

1 Zeichne die Seitenflächen der Körper nach.

2 Verbinde.

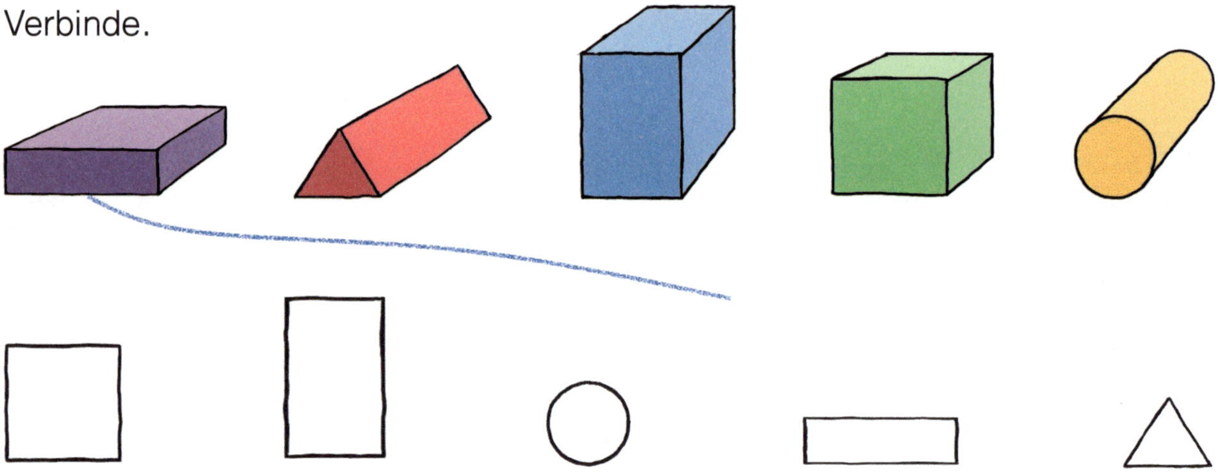

3 Male an und zähle.

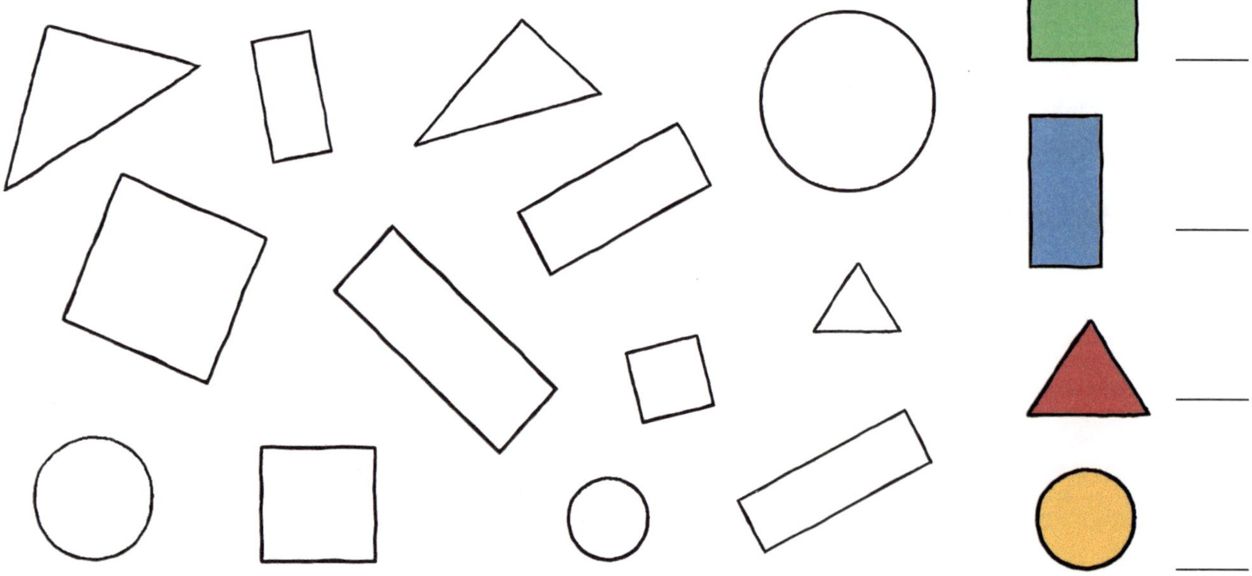

1 Mithilfe von Körpern als Schablonen zeichnen.
2 Körper mit Flächen verbinden. **3** Flächen färben und zählen.
Jahrgangsübergreifendes Arbeiten, vgl. Denken und Rechnen 2, S. 26 und 27.

1 Male die Formen aus und zähle sie.

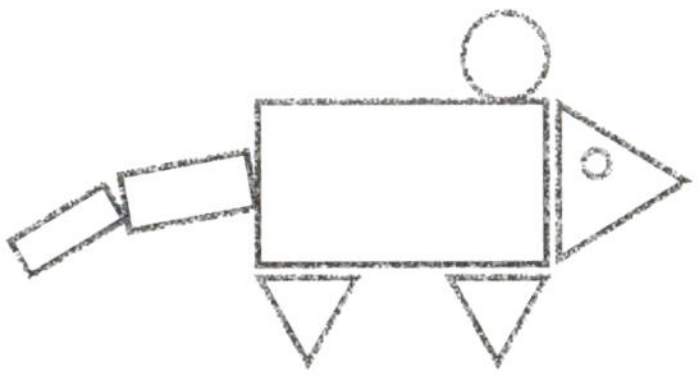

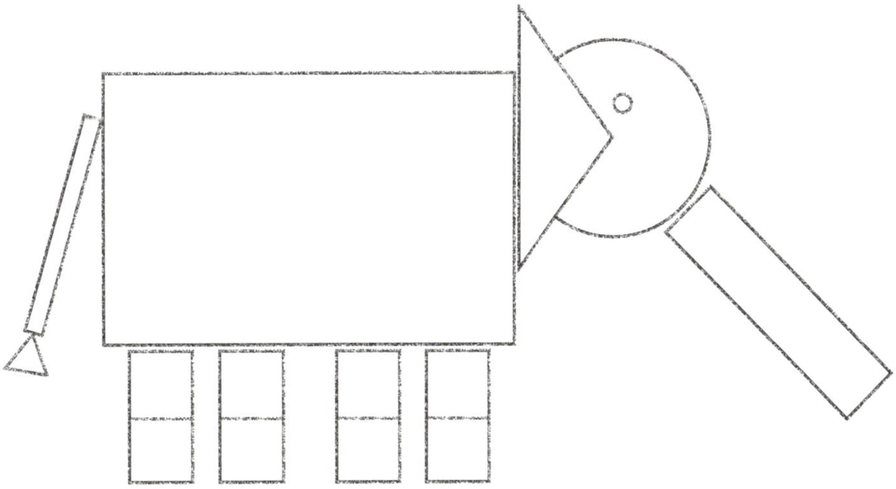

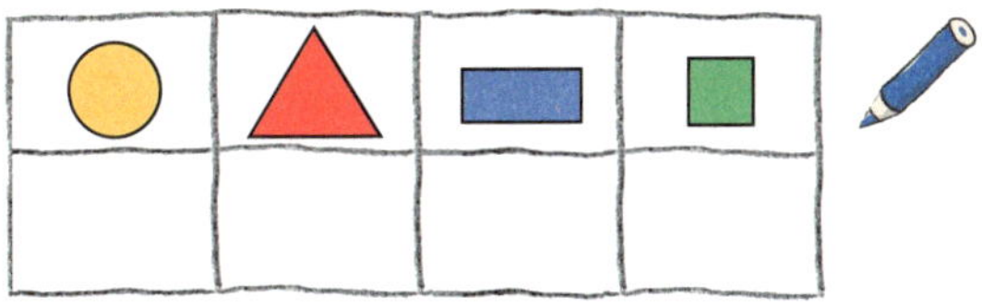

2

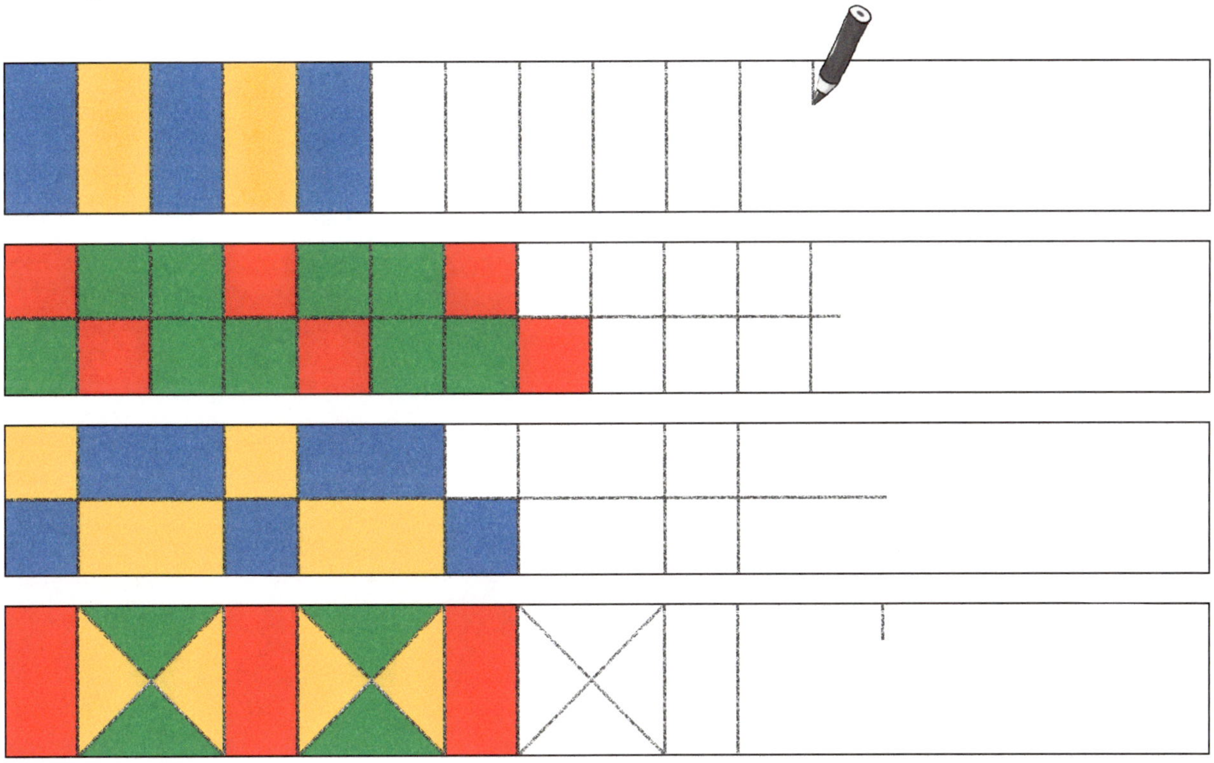

3

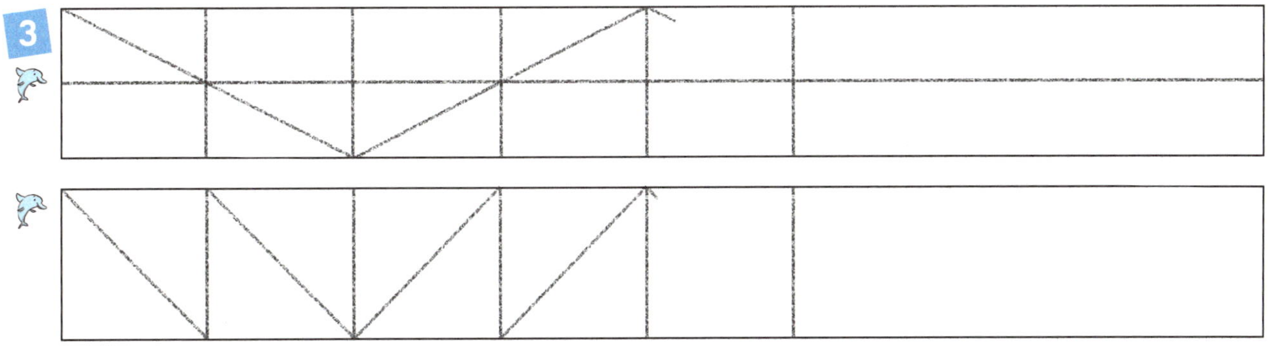

1 Geometrische Grundformen jeweils mit der gleichen Farbe ausmalen. Anzahl der Formen als Strichlisten in die Tabellen eintragen.
2 Muster fortsetzen. Ohne Lineal zeichnen. **3** Muster fortsetzen und farbig ausmalen.
Jahrgangsübergreifendes Arbeiten, vgl. Denken und Rechnen 2, S. 34 und 35.

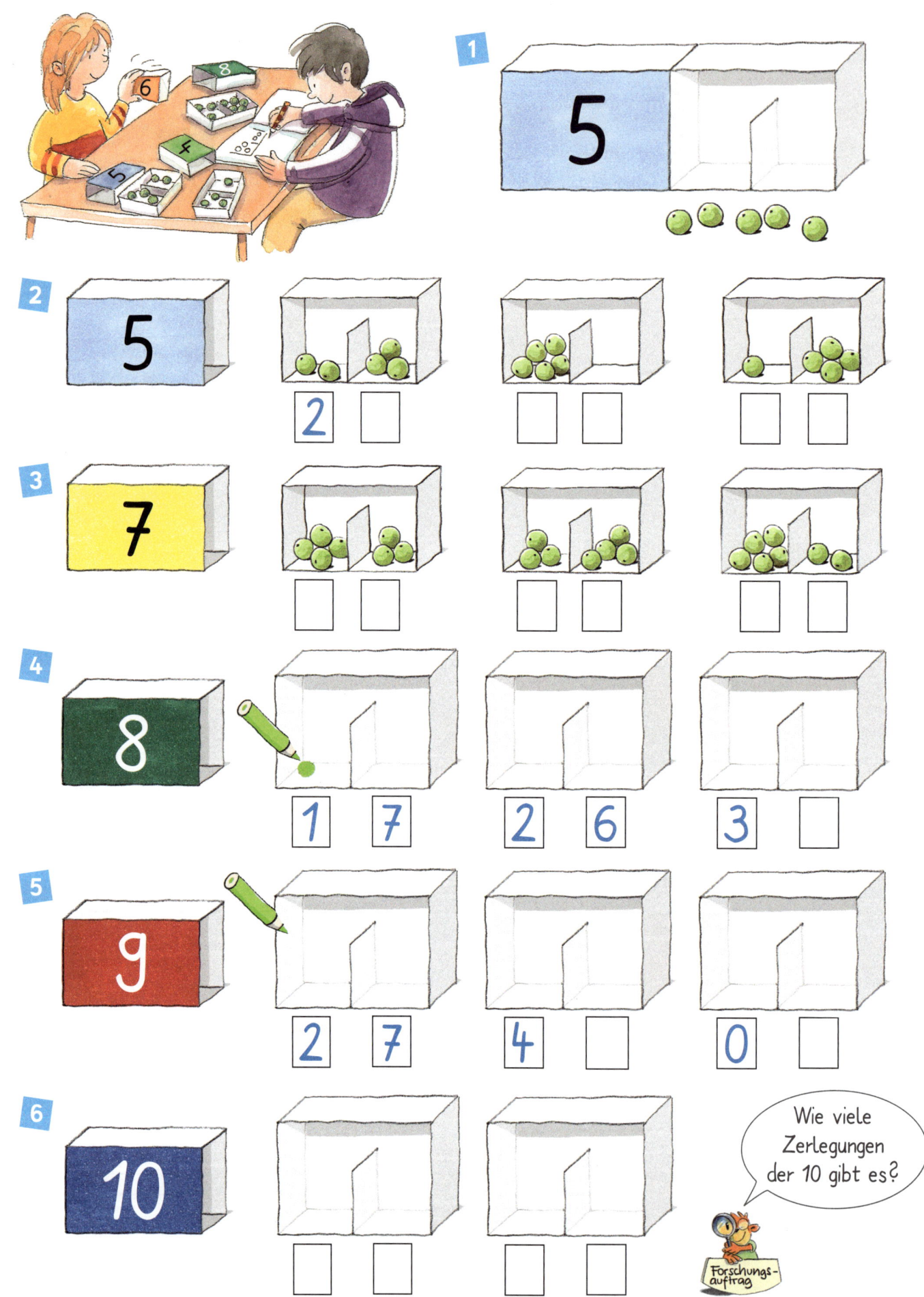

1 5

2 5 | 2 ☐ | ☐ ☐ | ☐ ☐

3 7 | ☐ ☐ | ☐ ☐ | ☐ ☐

4 8 | 1 7 | 2 6 | 3 ☐

5 9 | 2 7 | 4 ☐ | 0 ☐

6 10 | ☐ ☐ | ☐ ☐

Wie viele Zerlegungen der 10 gibt es?

Forschungsauftrag

Zerlegungen eintragen. Offenen Aufgaben: selbst Zerlegungen finden.
6 Kopiervorlagen nutzen.

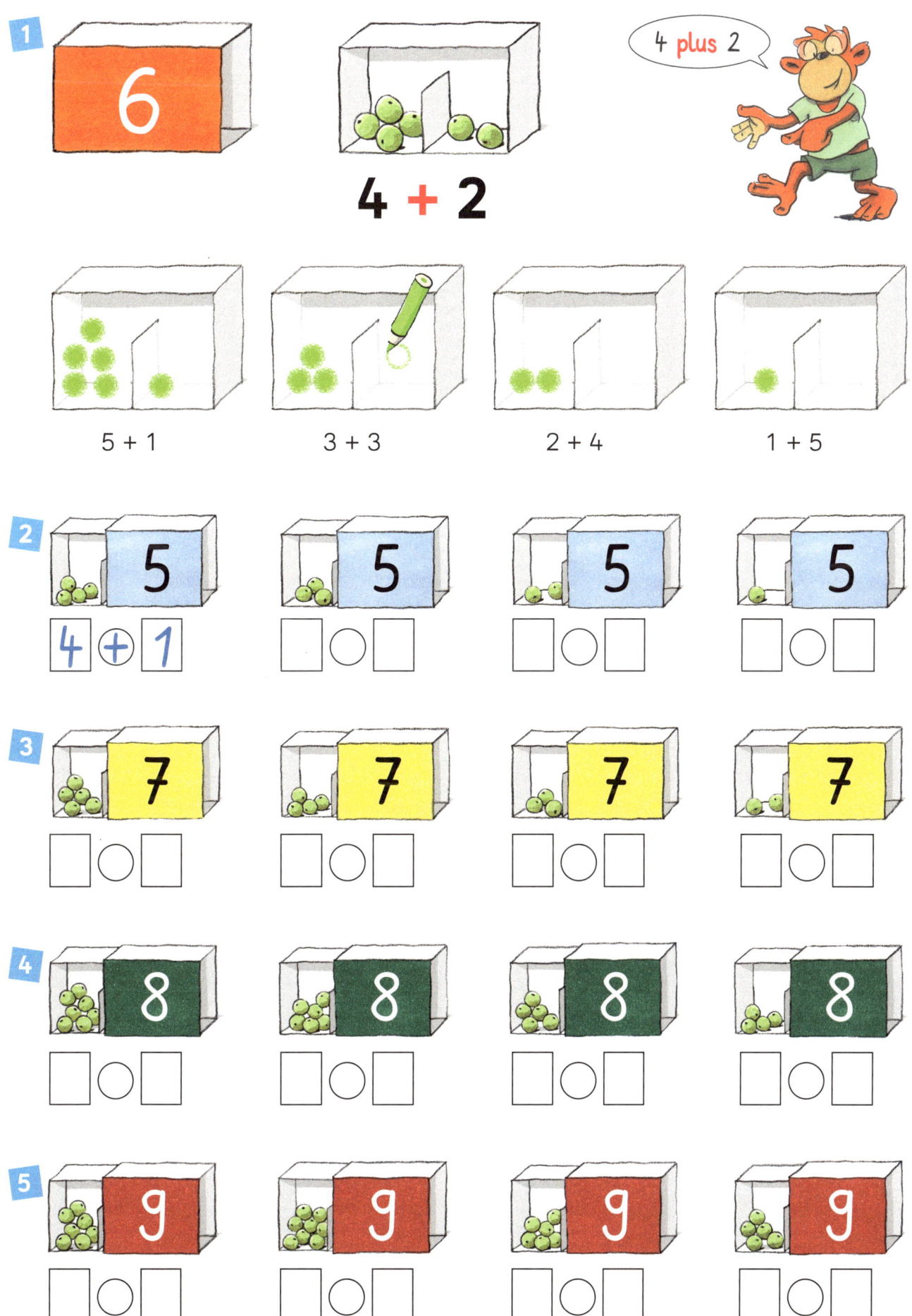

1

4 + 2

5 + 1   3 + 3   2 + 4   1 + 5

2 5 5 5 5

4 ⊕ 1

3 7 7 7 7

4 8 8 8 8

5 9 9 9 9

Pluszeichen einführen. 2 bis 5 Pluszeichen eintragen. Ergänzen.
Evtl. mit Materialhilfe lösen.

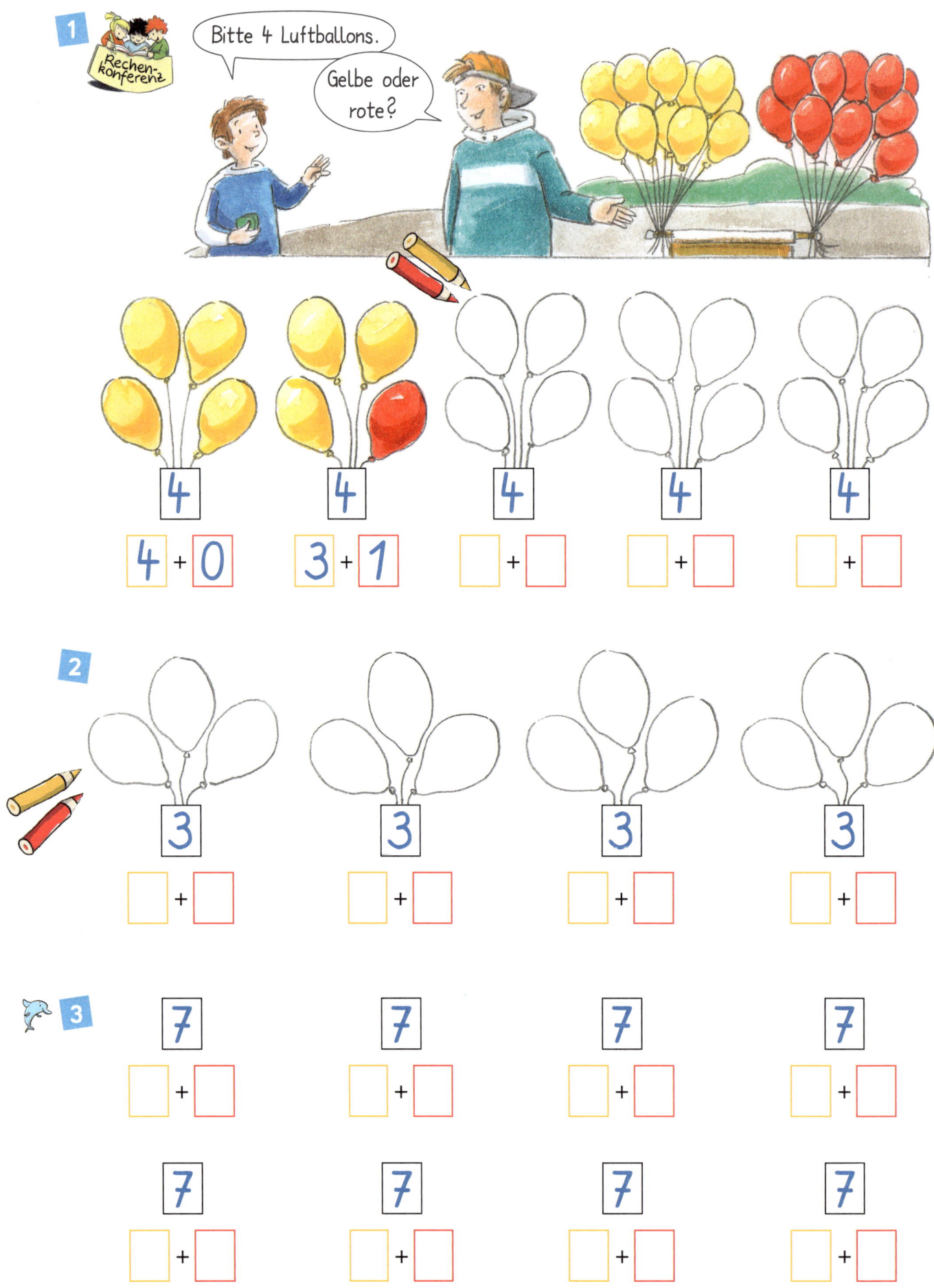

1 Bitte 4 Luftballons. Gelbe oder rote?

4	4	4	4	4
4 + 0	3 + 1	☐ + ☐	☐ + ☐	☐ + ☐

2

3	3	3	3
☐ + ☐	☐ + ☐	☐ + ☐	☐ + ☐

3

7	7	7	7
☐ + ☐	☐ + ☐	☐ + ☐	☐ + ☐

7	7	7	7
☐ + ☐	☐ + ☐	☐ + ☐	☐ + ☐

Problemstellung klären. Lösungen diskutieren.
Evtl. gegensinniges Verändern als Strategie entdecken.
Diff.: Alle möglichen Zerlegungen (Kombinationen) finden.

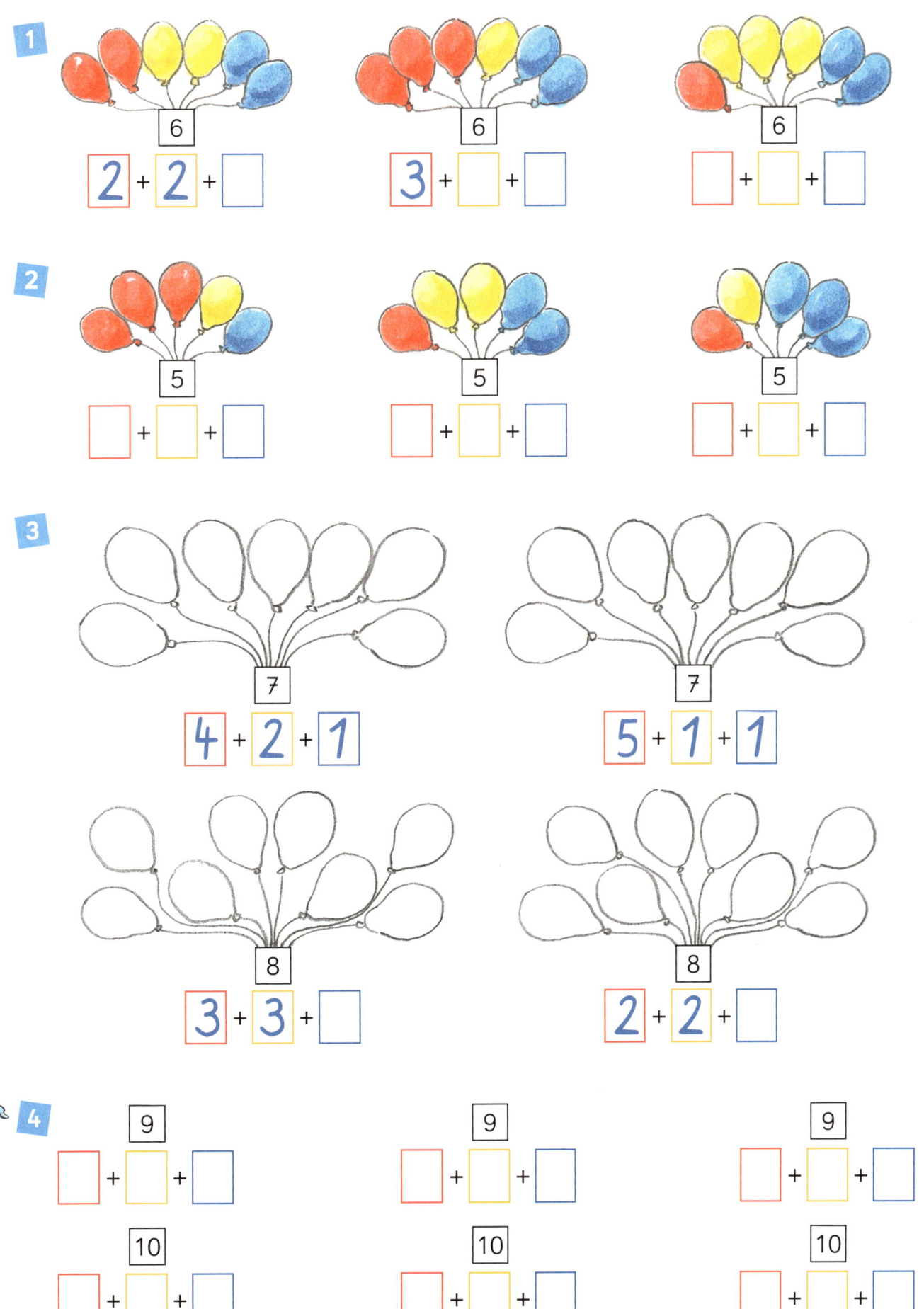

1

6

$2 + 2 + \boxed{}$

6

$3 + \boxed{} + \boxed{}$

6

$\boxed{} + \boxed{} + \boxed{}$

2

5

$\boxed{} + \boxed{} + \boxed{}$

5

$\boxed{} + \boxed{} + \boxed{}$

5

$\boxed{} + \boxed{} + \boxed{}$

3

7

$4 + 2 + 1$

7

$5 + 1 + 1$

8

$3 + 3 + \boxed{}$

8

$2 + 2 + \boxed{}$

4

9

$\boxed{} + \boxed{} + \boxed{}$

9

$\boxed{} + \boxed{} + \boxed{}$

9

$\boxed{} + \boxed{} + \boxed{}$

10

$\boxed{} + \boxed{} + \boxed{}$

10

$\boxed{} + \boxed{} + \boxed{}$

10

$\boxed{} + \boxed{} + \boxed{}$

4 Offene Aufgaben: Die Summanden selbst festlegen.
Evtl. Steckwürfel oder anderes Material legen.

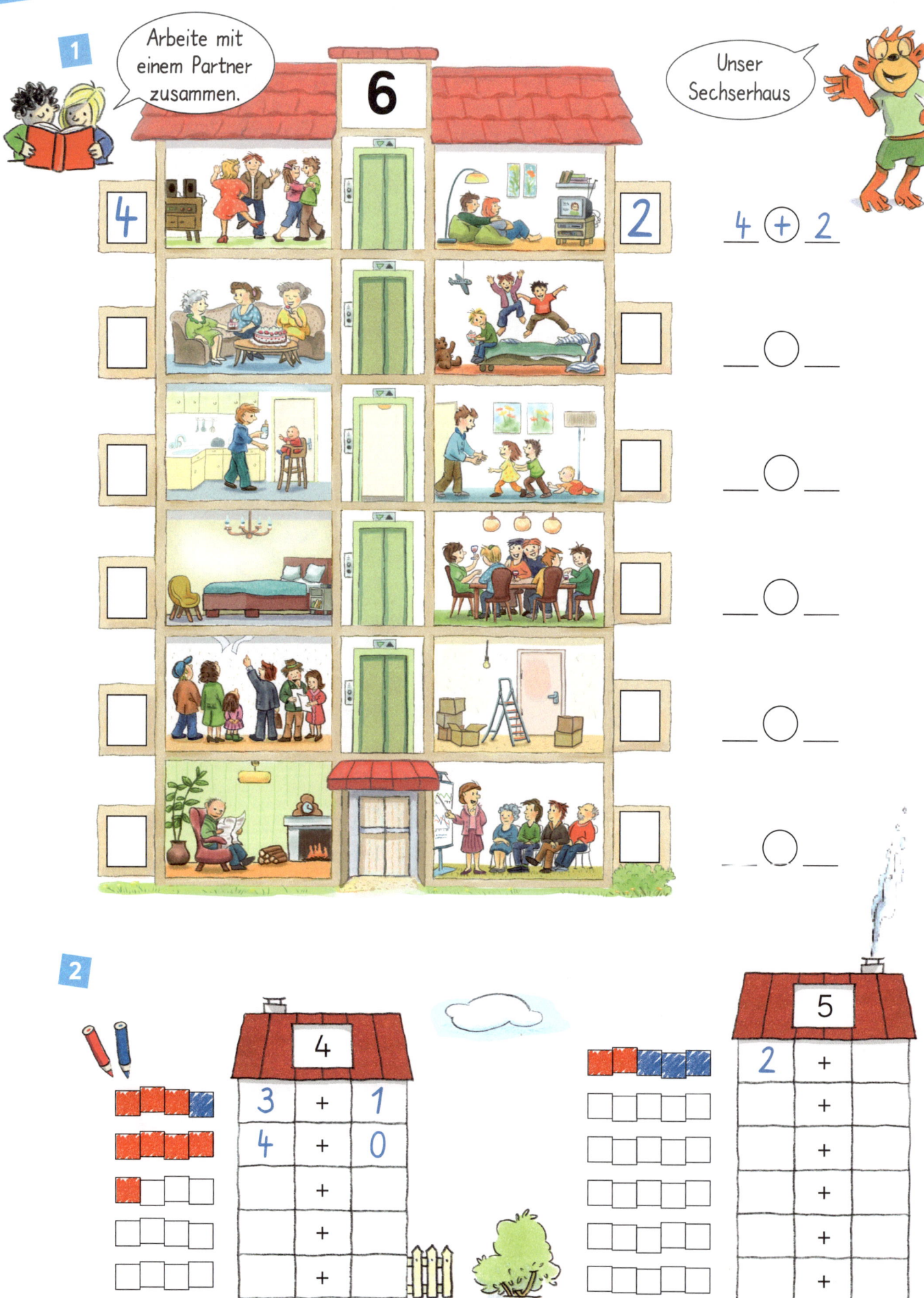

1 Die Anzahl der Personen in jedem Stockwerk notieren. Plusterm schreiben.
2 Zerlegungen malen und aufschreiben.
Prüfen, ob alle möglichen Zerlegungen erfasst sind.

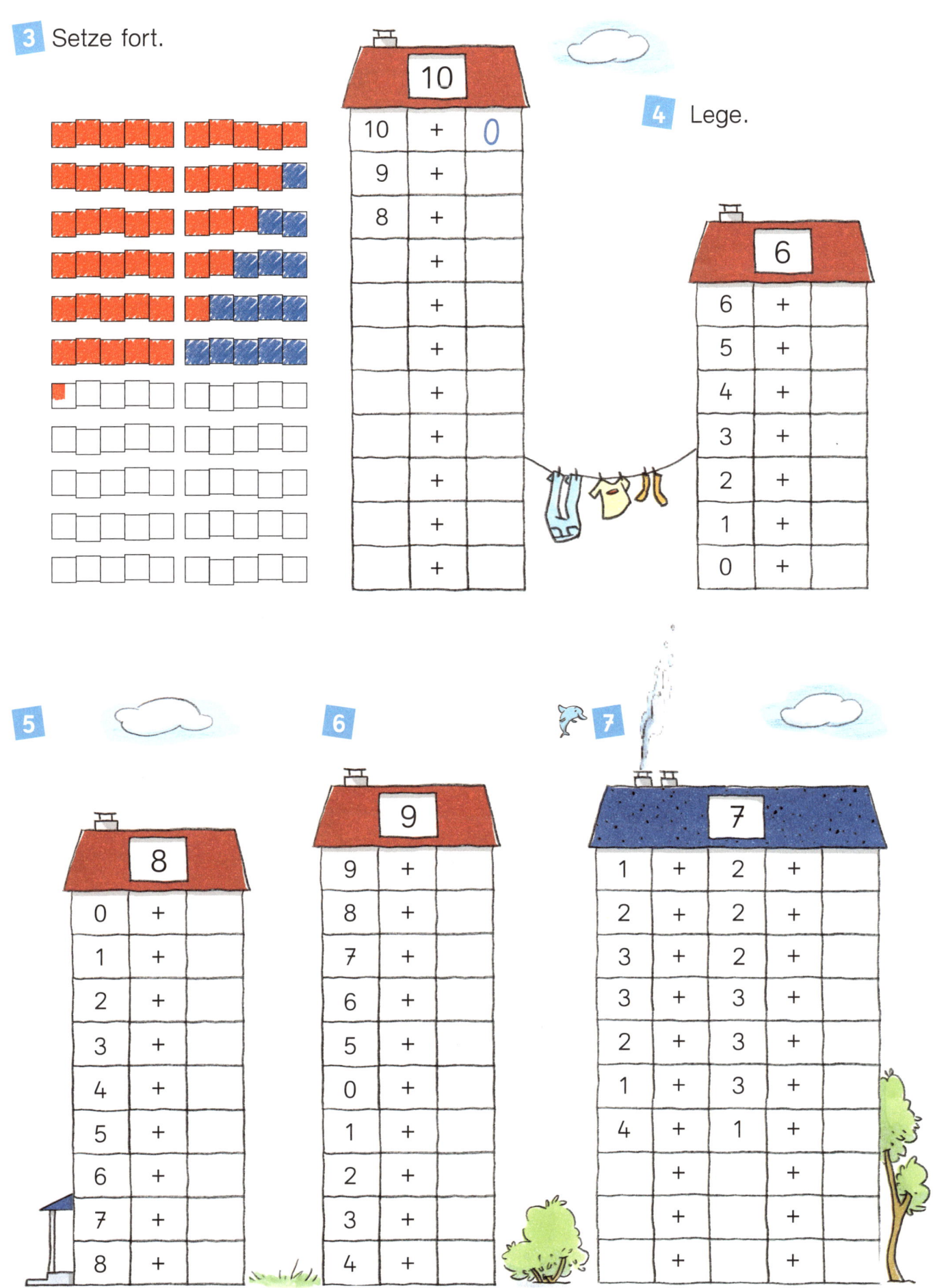

3 Setze fort.

House (10):

10	+	0
9	+	
8	+	
	+	
	+	
	+	
	+	
	+	
	+	
	+	
	+	

4 Lege.

House (6):

6	+	
5	+	
4	+	
3	+	
2	+	
1	+	
0	+	

5

House (8):

0	+	
1	+	
2	+	
3	+	
4	+	
5	+	
6	+	
7	+	
8	+	

6

House (9):

9	+	
8	+	
7	+	
6	+	
5	+	
0	+	
1	+	
2	+	
3	+	
4	+	

7

House (7):

1	+	2	+	
2	+	2	+	
3	+	2	+	
3	+	3	+	
2	+	3	+	
1	+	3	+	
4	+	1	+	
	+		+	
	+		+	
	+		+	

3 Am Zehnerhaus malend zerlegen. Sonst Steckwürfel oder anderes Material legen (Partnerarbeit). Systematisch zerlegen. Zusammenhänge entdecken: Je weniger links, desto mehr rechts.
7 Unten offene Aufgaben.

1

$4 + 3 = \underline{\quad}$

4 plus 3 ist gleich ____

2

$\underline{3} + \underline{\quad} = \underline{\quad}$ $\underline{\quad} + \underline{\quad} = \underline{\quad}$ $\underline{\quad} + \underline{\quad} = \underline{\quad}$

3

$\underline{\quad} + \underline{\quad} = \underline{\quad}$ $\underline{\quad} + \underline{\quad} = \underline{\quad}$ $\underline{\quad} + \underline{\quad} = \underline{\quad}$

4

$\underline{\quad} + \underline{\quad} = \underline{\quad}$ $\underline{\quad} + \underline{\quad} = \underline{\quad}$ $\underline{\quad} + \underline{\quad} = \underline{\quad}$

Gleichheit thematisieren: Gleich viel.
1 bis 4 Erzählen und rechnen.

5

___ + ___ = _____   ___ + ___ = _____   ___ + ___ = _____

6

___ + ___ = _____   ___ + ___ = _____   ___ + ___ = _____

7

___ + ___ = _____   ___ + ___ = _____   ___ + ___ = _____

8

___ + ___ = _____   ___ + ___ = _____   ___ + ___ = _____

5 bis 8 Erzählen und rechnen.
8 Delfin: Addieren über den Zahlenraum bis 10 hinaus.

Pausenspiele

1

3 + ___ = ___

2

___ + ___ = ___

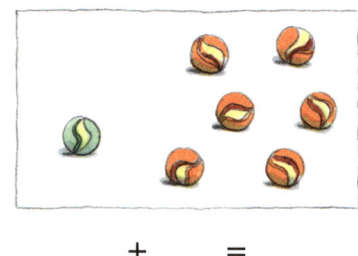

___ + ___ = ___

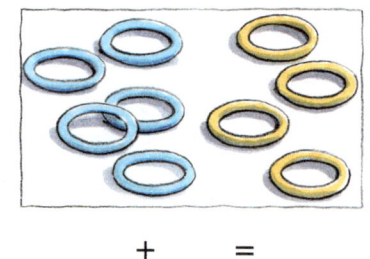

___ + ___ = ___

3

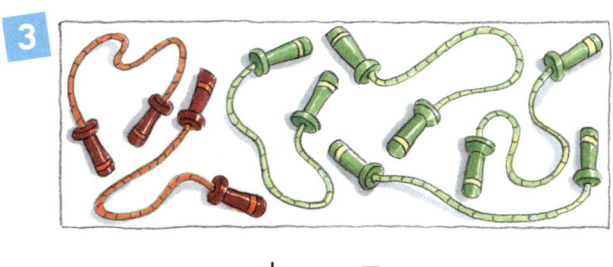

___ + ___ = ___

___ + ___ = ___

4 Male und rechne.

5 + 3 = ___

4 + 5 = ___

5 Male eigene Aufgaben.

___ + ___ = ___

___ + ___ = ___

1 Erzählen und rechnen.
5 Eigene Aufgaben malen und rechnen.
Jahrgangsübergreifendes Arbeiten, vgl. Denken und Rechnen 2, S. 42.

1

 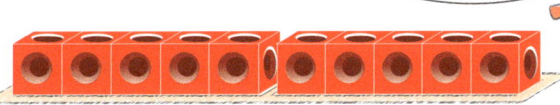

> Ich kann 10 auf einen Blick sehen.

 6    ____

 ____    ____

 ____   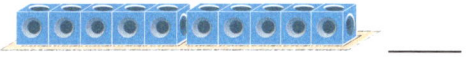 ____

 ____   ____

2 Lege und male.

3   5

9   10

7   8

3 Immer 10.

7 + 3   5 + ☐   ☐ + ☐

   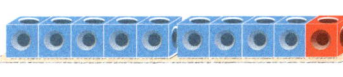   

☐ + ☐   ☐ + ☐   ☐ + ☐

      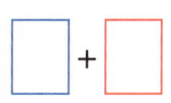

☐ + ☐   ☐ + ☐   ☐ + ☐

Fünfer-Struktur thematisieren. Zehnerfeld zum Ausklappen nutzen (auf das Symbol oben hinweisen).
Steckwürfel zusammenschieben oder -stecken.
Evtl. Kopiervorlagen zum „Schnellen Sehen" nutzen.

1

gleich viel

$2 + 4$ = 6

6 = $2 + 4$

2

$5 + 3 = 8$

$8 = 5 + 3$

$1 +$ ___ = ___

___ = ___ + ___

___ + ___ = ___

___ = ___ + ___

___ + ___ = ___

___ = ___ + ___

___ + ___ = ___

___ = ___ + ___

___ + ___ = ___

___ = ___ + ___

3 Lege und zerlege.

$10 = 9 +$ ___ $9 = 8 +$ ___ $7 = 6 +$ ___ $6 =$ ___ $+$ ___

$10 = 8 +$ ___ $9 = 6 +$ ___ $7 = 4 +$ ___ $6 =$ ___ $+$ ___

$10 = 6 +$ ___ $9 = 4 +$ ___ $7 = 2 +$ ___ $6 =$ ___ $+$ ___

4 Streiche falsche Aussagen durch.

$5 + 3$

$8 =$ $4 + 4$

$2 + 7$

$4 + 3$

$7 =$ $1 + 4$

$2 + 6$

$4 + 2$

$6 =$ $3 + 3$

$1 + 5$

$4 + 3$

$9 =$ $2 + 6$

$5 + 4$

5

$2 + 2 =$ ___ $5 = 4 +$ ___   🐝 $6 =$ ___ $+$ ___   🐬 $7 =$ ___ $+ 2$

$4 + 3 =$ ___ $6 = 3 +$ ___ $9 =$ ___ $+$ ___ $5 =$ ___ $+ 3$

$3 + 5 =$ ___ $10 = 2 +$ ___ $5 =$ ___ $+$ ___ $8 =$ ___ $+ 4$

$6 + 4 =$ ___ $7 = 4 +$ ___ $8 =$ ___ $+$ ___ $9 =$ ___ $+ 2$

Bedeutung des Gleichheitszeichens besprechen.
3, 5 Letztes Päckchen – mehrere Möglichkeiten besprechen.

1

2

	4	
0	+	4
1	+	
2	+	
3	+	
	+	

	5	
5	+	0
4	+	
3	+	
2	+	
	+	

	7	
2	+	
3	+	
4	+	
5	+	
	+	

3

Starke Päckchen kannst du fortsetzen.

$3 + 1 = \_\_$
$3 + 2 = \_\_$
$3 + 3 = \_\_$
$3 + \_\_ = \_\_$
$3 + \_\_ = \_\_$

$4 + 0 = \_\_$
$4 + 1 = \_\_$
$4 + 2 = \_\_$
$4 + \_\_ = \_\_$
$4 + \_\_ = \_\_$

$2 + 3 = \_\_$
$2 + 4 = \_\_$
$2 + 5 = \_\_$
$2 + \_\_ = \_\_$
$2 + \_\_ = \_\_$

4

$2 + 2 = \_\_$
$3 + 2 = \_\_$
$4 + 2 = \_\_$
$5 + \_\_ = \_\_$
$6 + \_\_ = \_\_$

$6 + 3 = \_\_$
$5 + 3 = \_\_$
$4 + 3 = \_\_$
$3 + \_\_ = \_\_$
$\_\_ + \_\_ = \_\_$

$4 + 0 = \_\_$
$5 + 0 = \_\_$
$6 + 0 = \_\_$
$\_\_ + \_\_ = \_\_$
$\_\_ + \_\_ = \_\_$

$1 + 6 = \_\_$
$2 + 6 = \_\_$
$3 + 6 = \_\_$
$\_\_ + \_\_ = \_\_$
$\_\_ + \_\_ = \_\_$

„Starke Päckchen": Zusammenhänge erkennen und beschreiben.

1

Ich rechne **6 + 3**.

Ich rechne aber **3 + 6**.

2

4 + 5 = ___

5 + 4 = ___

2 + 7 = ___

7 + 2 = ___

7 + 3 = ___

3 + 7 = ___

Summand   Summand

8 + 1 = 9

Summe   Summe

Die Summanden kann man vertauschen. Die Summe bleibt gleich.

8 + 1 = 9
1 + 8 = 9

3

5 + 2 = ___

2 + ___ = ___

1 + ___ = ___

___ + ___ = ___

___ + ___ = ___

___ + ___ = ___

___ + ___ = ___

___ + ___ = ___

___ + ___ = ___

___ + ___ = ___

___ + ___ = ___

___ + ___ = ___

___ + ___ = ___

___ + ___ = ___

___ + ___ = ___

___ + ___ = ___

Jeweils Aufgabe und Tauschaufgabe rechnen.

1

$\underline{2} + \underline{2} + \underline{1} =$ ___   ___ + ___ + ___ = ___   ___ + ___ + ___ = ___

___ + ___ + ___ = ___   ___ + ___ + ___ = ___   ___ + ___ + ___ = ___

2

$3 + 1 + 2 =$ ___	$4 + 4 + 1 =$ ___	$1 + 2 + 7 =$ ___	$3 + 5 + 2 =$ ___
$3 + 2 + 2 =$ ___	$4 + 3 + 2 =$ ___	$4 + 3 + 2 =$ ___	$3 + 5 + 3 =$ ___
$3 + 3 + 2 =$ ___	$4 + 2 + 3 =$ ___	$6 + 3 + 1 =$ ___	$3 + 4 + 3 =$ ___
$3 + 0 + 2 =$ ___	$4 + 1 + 4 =$ ___	$3 + 4 + 2 =$ ___	$3 + 6 + 2 =$ ___

W

3

6	5	7	9	10	8
Ж̶ I					

4 Setze fort.

 starke Päckchen

$2 + 1 =$ ___	$3 + 5 =$ ___	$4 + 0 =$ ___	$5 + 2 =$ ___
$2 + 2 =$ ___	$3 + 4 =$ ___	$4 + 1 =$ ___	$5 + 3 =$ ___
$2 + 3 =$ ___	$3 + 3 =$ ___	$4 + 2 =$ ___	$5 + 4 =$ ___
$\underline{2} +$ ___ $=$ ___	___ $+$ ___ $=$ ___	___ $+$ ___ $=$ ___	___ $+$ ___ $=$ ___

5

8

8	+	0
7	+	
4	+	
5	+	

9

6	+	
4	+	
5	+	
3	+	

10

8	+	1	+
7	+	2	+
9	+	0	+
6	+	2	+

Evtl. Material legen. **3** bis **5** Wiederholen zum Sichern des Gelernten. Auf die besondere Gestaltung hinweisen.
3 Strichliste zeichnen. Fünfer jeweils bündeln.
2, 4, 5 Delfinaufgaben z. T. mit Zehnerübergang.

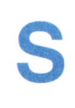

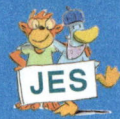

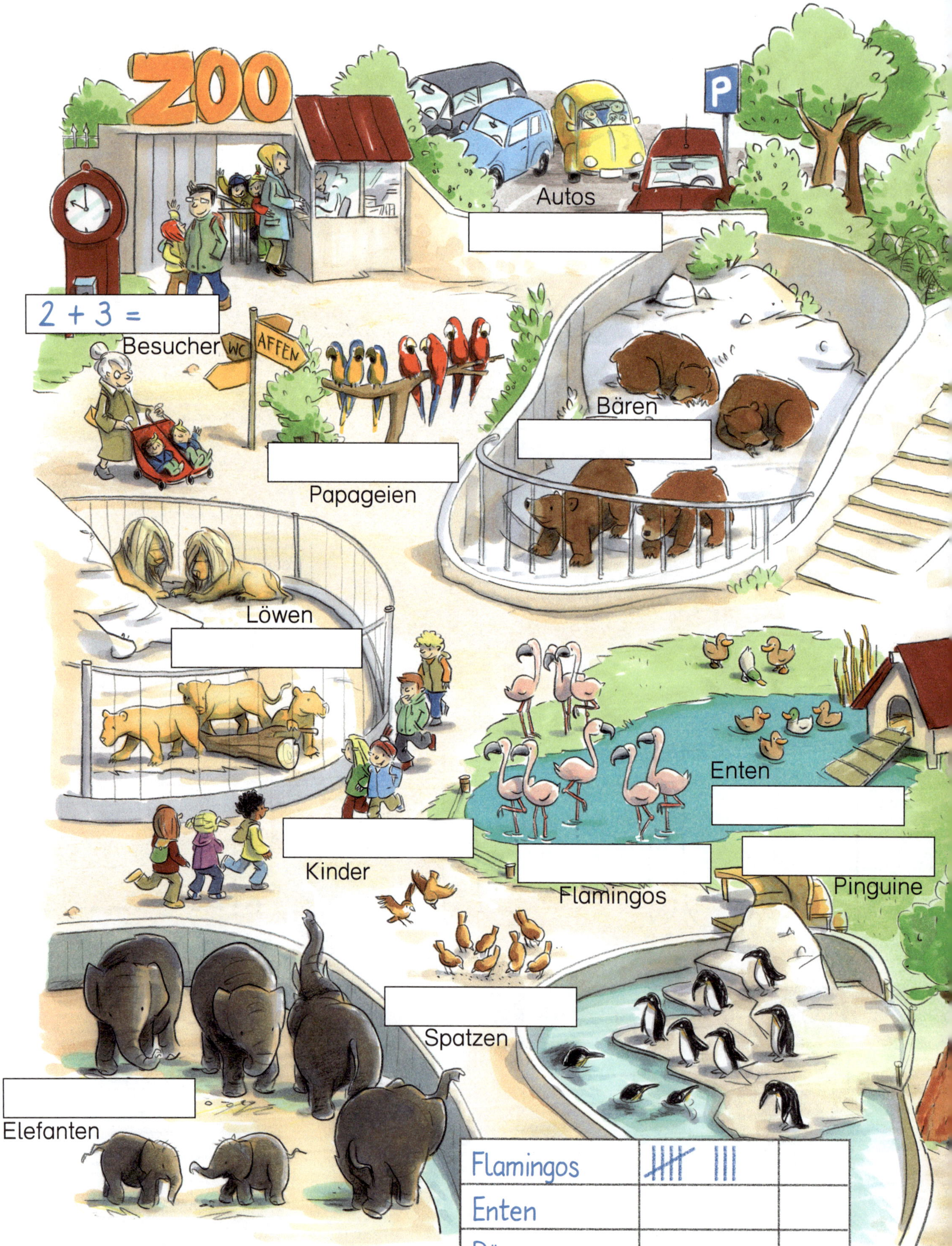
ZOO
P
Autos
2 + 3 =
Besucher
WC
AFFEN
Papageien
Bären
Löwen
Kinder
Flamingos
Enten
Pinguine
Spatzen
Elefanten

Flamingos	~~IIII~~ III	
Enten		
Bären		
Elefanten		

1

Leoparden

___ + ___ = ____

2

Ziegen

___ + ___ = ____

3

Robben

___ + ___ = ____

4

Kaninchen

___ + ___ = ____

5

Lamas

___ + ___ = ____

6

Affen

___ + ___ = ____

7

Eisbären

___ + ___ = ____

8

Besucher

___ + ___ = ____

Erzählen. Zu den Rechengeschichten Gleichungen schreiben.
Jahrgangsübergreifendes Arbeiten, vgl. Denken und Rechnen 2, S. 50 und 51.

1

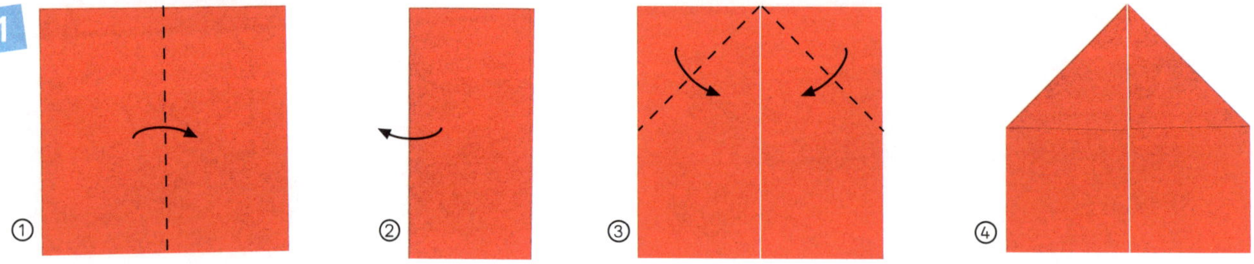

① ② 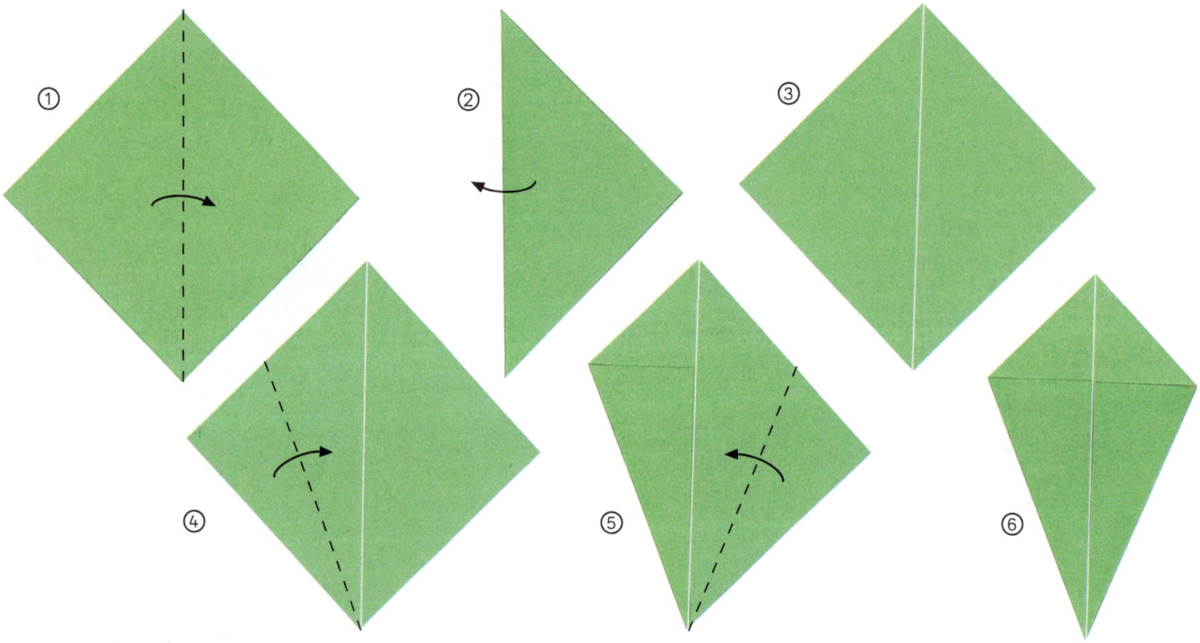 ③ ④

2

① ② ③

④ ⑤ ⑥

3

① ② ③

④ ⑤ ⑥ ⑦

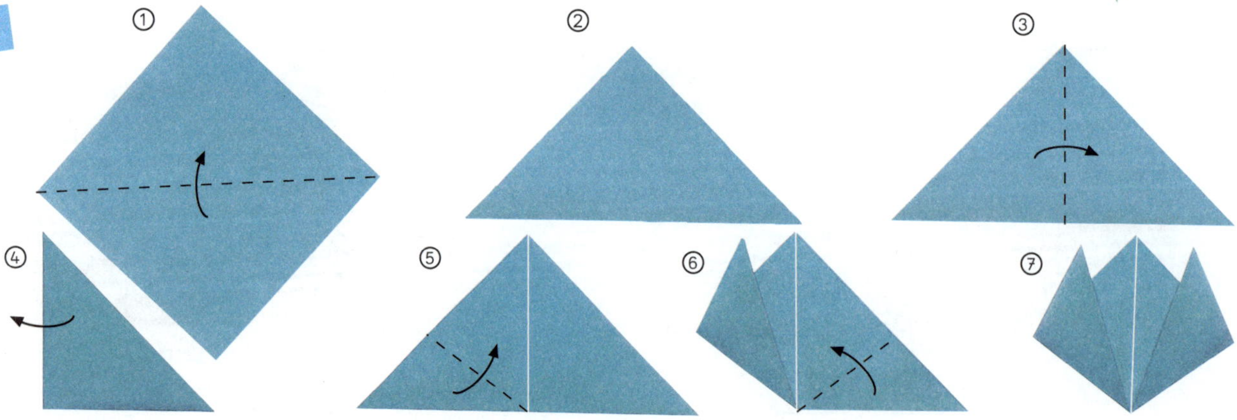

1 bis **3** Aus einem Quadrat ein Haus, einen Drachen, eine Blume falten.
Gesichter bzw. Türen und Fenster aufmalen.

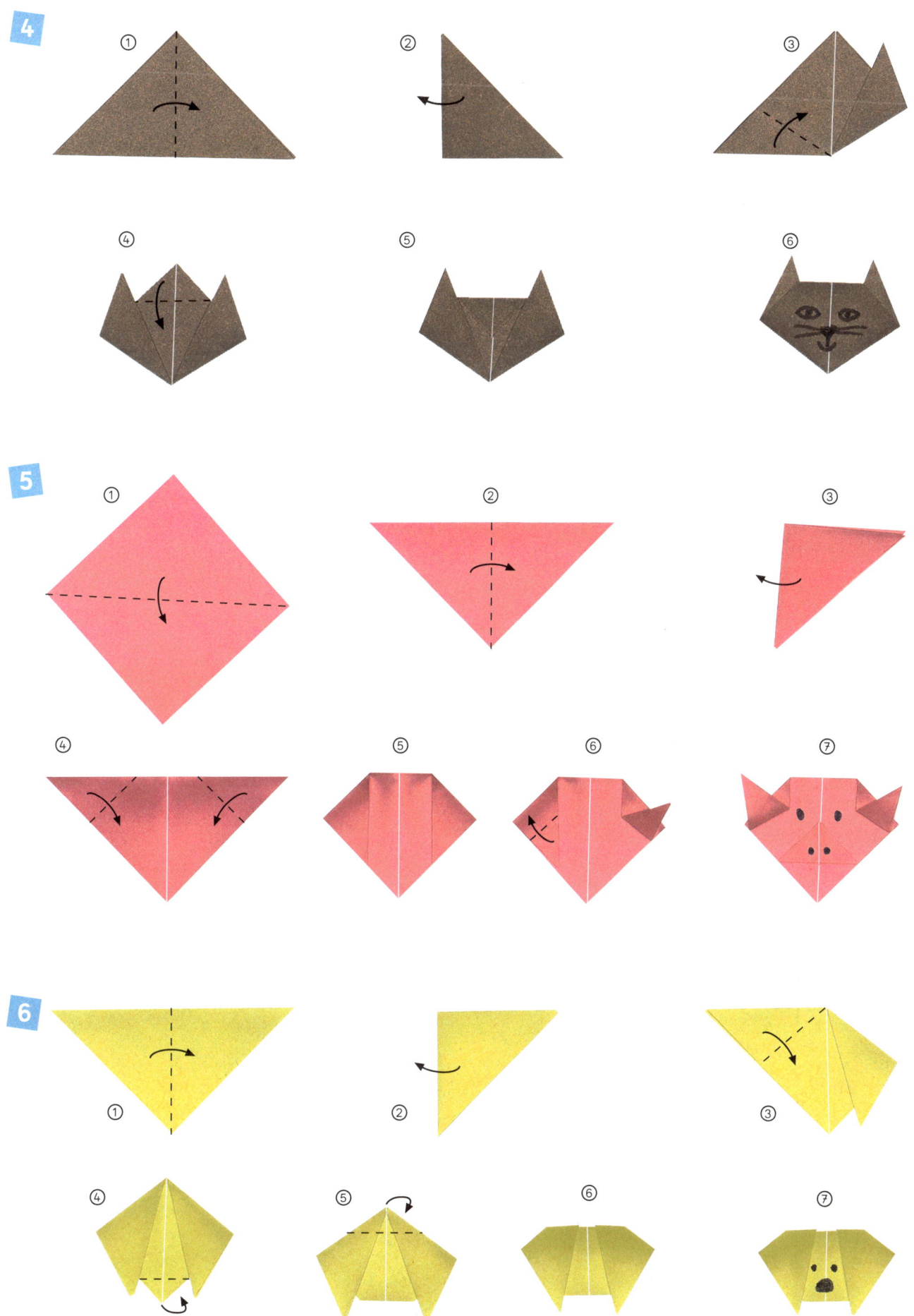

4 bis 6 Aus einem Quadrat eine Katze, ein Schwein, einen Hund falten.
Gesichter aufmalen.
Jahrgangsübergreifendes Arbeiten, vgl. Denken und Rechnen 2, S. 52 bis 55.

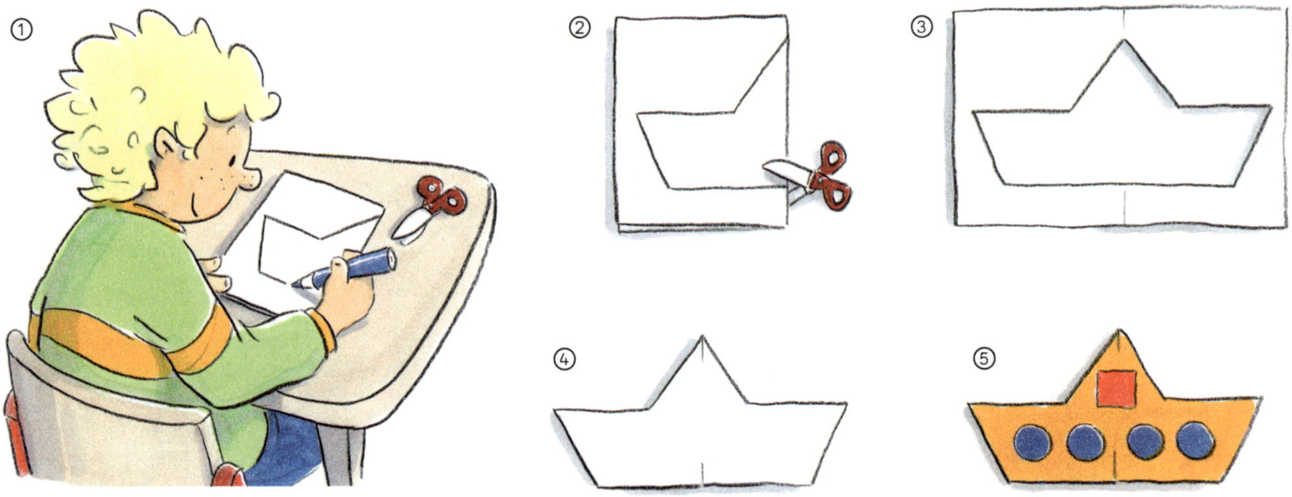

① ② ③

④ ⑤

Halbe Figur auf gefaltetes Blatt zeichnen. Vervollständigen durch Schneiden und Auffalten.
Symmetrie erkennen. Jeweils passende Figur anmalen.
Jahrgangsübergreifendes Arbeiten, vgl. Denken und Rechnen 2, S. 52 bis 55.

1

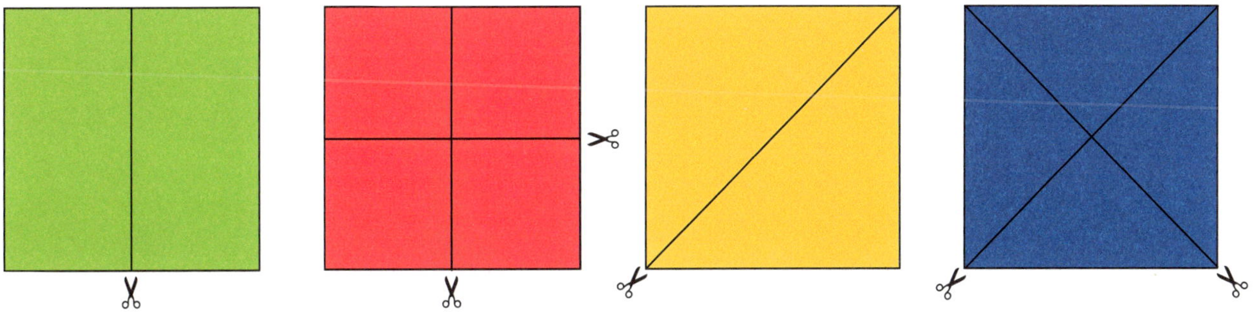

2

3

4

5

Partnerarbeit: Muster nachlegen. Eigene Muster legen.

Diff.: Musterbuch erstellen.

Jahrgangsübergreifendes Arbeiten, vgl. Denken und Rechnen 2, S. 52 bis 55.

5

5 – 1

minus

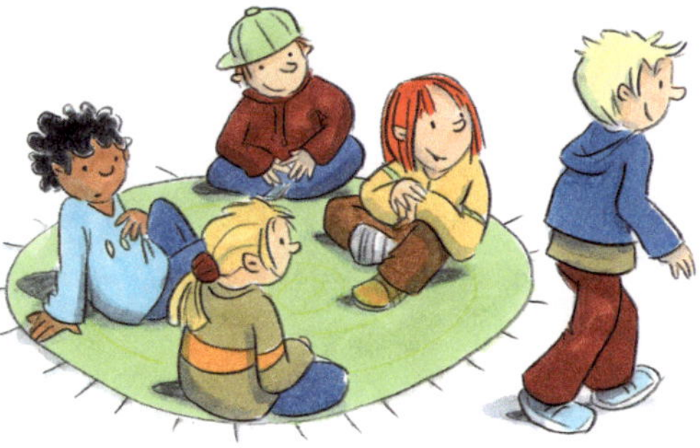

5 – 1

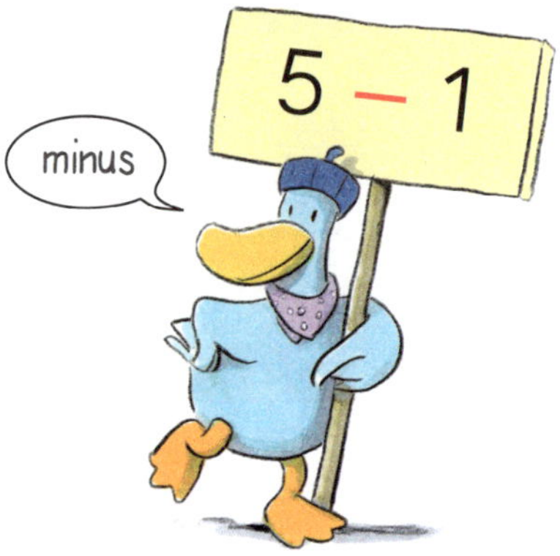

1

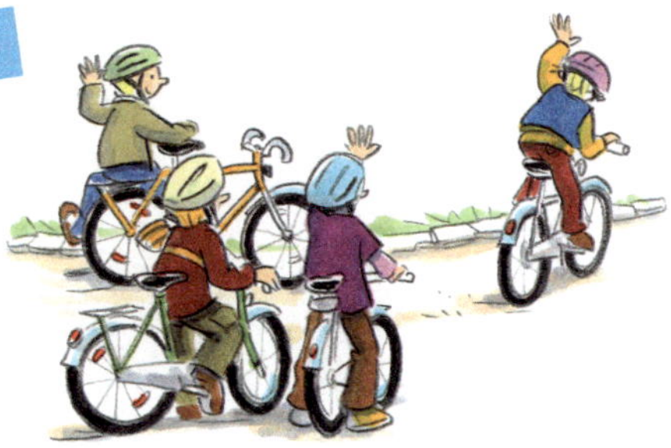

4 – ___

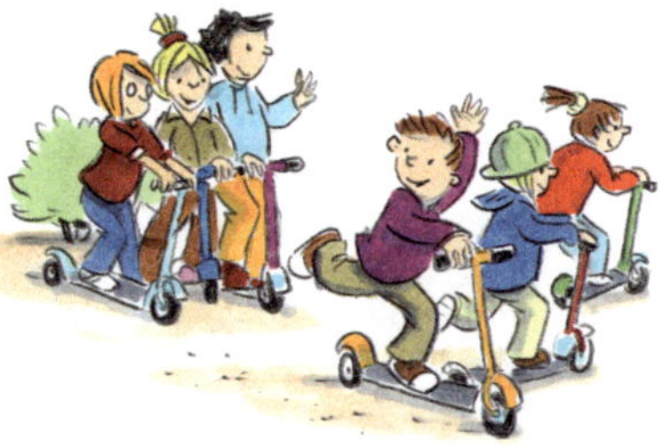

6 – ___

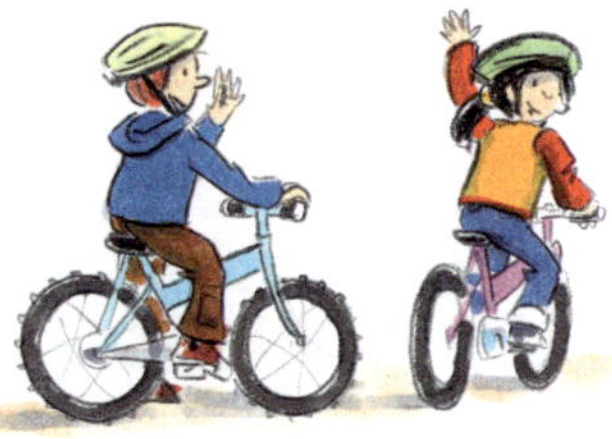

2 – ___

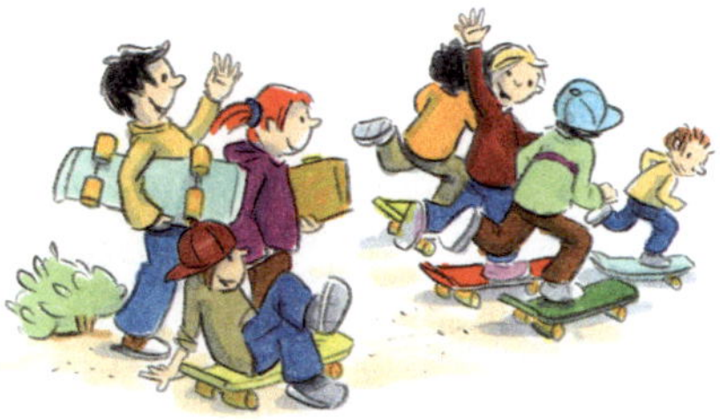

7 – ___

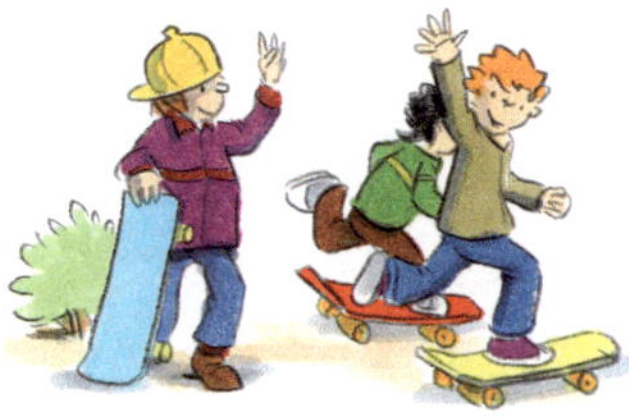

3 – ___

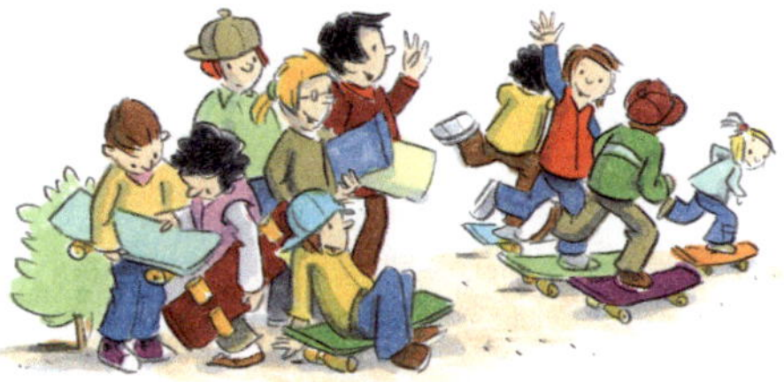

10 – ___

2

8 – ___

10 – ___

3

___ – ___

___ – ___

___ – ___

Rechengeschichten erzählen. Wie viele waren es, wie viele entfernen sich?
Minuszeichen einführen. Diff.: Ergebnisse feststellen: Wie viele Kinder bleiben zurück?

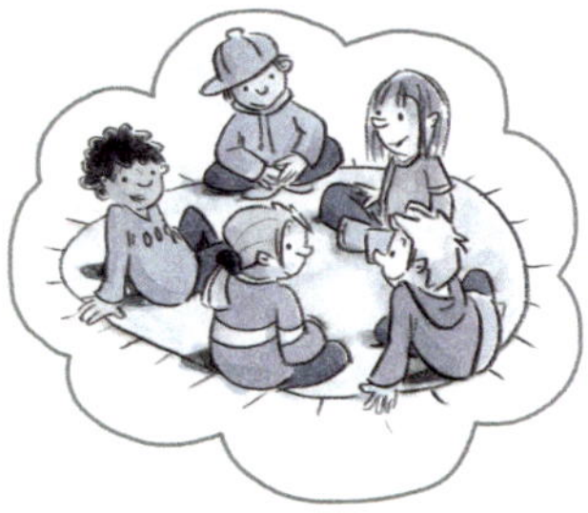

5    5 – 3    **5 – 3 = 2**

5 minus 3 ist gleich 2.

1

4 – 1  = ___   4 – 2  = ___   4 – 3 = ___

2

6  – ___ = ___   7  – ___ = ___   8 – ___ = ___

3

12 – ___ = ___   ___ – ___ = ___   ___ – ___ = ___

___ – ___ = ___   ___ – ___ = ___   ___ – ___ = ___

Die jeweilige Situation und die Subtraktionsgleichung in Beziehung setzen:
Wie viele waren es, wie viele entfernen sich, wie viele bleiben übrig?
3 Zum Teil mit Zehnerübergang.

1 $6 - 2 = \underline{}$ Lege 6, nimm 2 weg.

2 Lege und rechne.

$5 - 1 = \underline{}$

$6 - 3 = \underline{}$

$7 - 3 = \underline{}$

$10 - 3 = \underline{}$

$9 - 4 = \underline{}$

$8 - 4 = \underline{}$

3 Streiche durch. Rechne.

$6 - 4 = \underline{}$

$7 - 4 = \underline{}$

$5 - 3 = \underline{}$

$9 - 2 = \underline{}$

$4 - 2 = \underline{}$

$10 - 1 = \underline{}$

4 Male an. Streiche durch. Rechne.

$3 - 2 = \underline{}$

$6 - 5 = \underline{}$

$5 - 2 = \underline{}$

$3 - 3 = \underline{}$

$4 - 0 = \underline{}$

$8 - 3 = \underline{}$

5 Lege. Nimm weg. Rechne.

$4 - 3 = \underline{}$ $8 - 0 = \underline{}$ $7 - 1 = \underline{}$  $6 - 2 = \underline{}$ $9 - 3 = \underline{}$

$4 - 1 = \underline{}$ $8 - 1 = \underline{}$ $7 - 8 = \underline{}$ $6 - 5 = \underline{}$ $9 - 4 = \underline{}$

$4 - 2 = \underline{}$ $8 - 8 = \underline{}$ $7 - 2 = \underline{}$ $6 - 3 = \underline{}$ $9 - 5 = \underline{}$

Besprechen: Minuend: Wie viele waren da (Gesamtzahl)?
Subtrahend: Wie viele werden weggenommen?
Ergebnis: Wie viele bleiben übrig? **5** Eine Aufgabe nicht lösbar.

1 Streiche durch. Rechne.

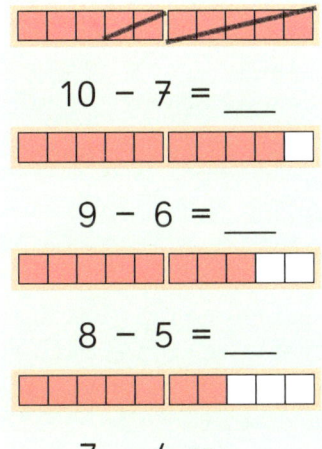

10 − 7 = __

9 − 6 = __

8 − 5 = __

7 − 4 = __

Mir fällt etwas auf.

Mir auch.

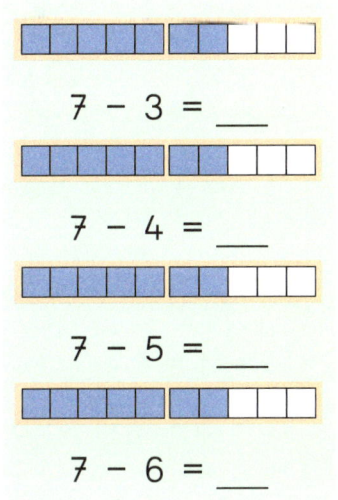

7 − 3 = __

7 − 4 = __

7 − 5 = __

7 − 6 = __

2 Finde die Aufgabe.

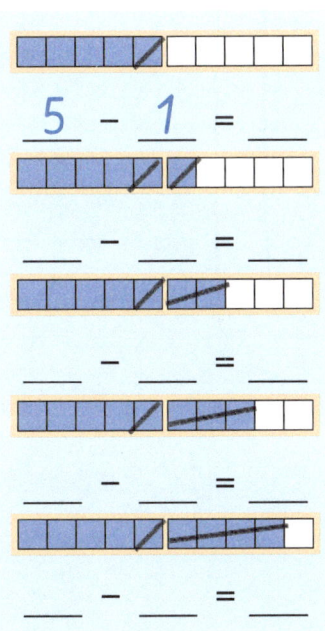

5 − 1 = __

__ − __ = __

__ − __ = __

__ − __ = __

__ − __ = __

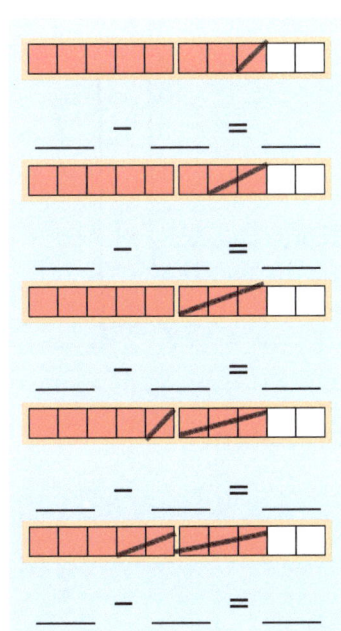

__ − __ = __

__ − __ = __

__ − __ = __

__ − __ = __

__ − __ = __

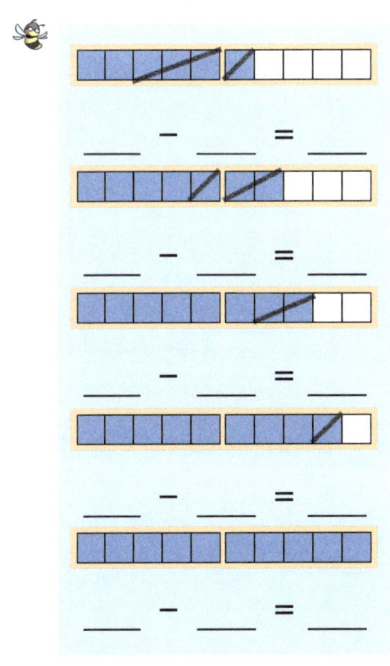

__ − __ = __

__ − __ = __

__ − __ = __

__ − __ = __

__ − __ = __

3 Setze fort.

9 − 2 = __
9 − 3 = __
9 − 4 = __
9 − 5 = __
9 − __ = __
__ − __ = __

6 − 0 = __
6 − 1 = __
6 − 2 = __
6 − 3 = __
6 − __ = __
__ − __ = __

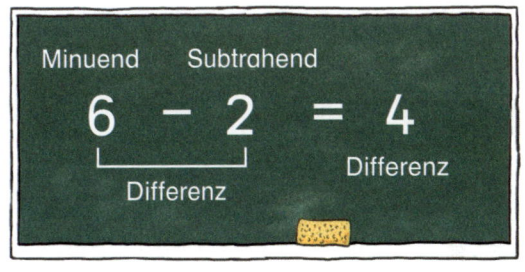

Minuend   Subtrahend

6 − 2 = 4

Differenz

Differenz

1

__10__ – __2__ = ___   ___ – ___ = ___   ___ – ___ = ___

2 Lege und rechne.

7 – 1 = ___	4 – 4 = ___	9 – 4 = ___	10 – 5 = ___	8 – 8 = ___
6 – 5 = ___	8 – 2 = ___	5 – 5 = ___	3 – 4 = ___	10 – 9 = ___
5 – 2 = ___	6 – 3 = ___	7 – 0 = ___	9 – 6 = ___	7 – 4 = ___

3 Setze fort.

5 – 4 = ___	7 – 3 = ___	8 – 4 = ___	4 – 3 = ___
5 – 3 = ___	6 – 3 = ___	6 – 3 = ___	6 – 5 = ___
5 – 2 = ___	5 – 3 = ___	4 – 2 = ___	8 – 7 = ___
5 – ___ = ___	___ – ___ = ___	___ – ___ = ___	___ – ___ = ___
___ – ___ = ___	___ – ___ = ___	___ – ___ = ___	___ – ___ = ___

 4 Male eigene Rechengeschichten.

7 – 3 = ___   8 – 5 = ___

W

5 Rechne im Heft.

2 + 5	3 + 7	5 + 5	4 + 6	4 + 4	8 + 2
2 + 6	3 + 6	5 + 6	5 + 6	3 + 4	9 + 1
2 + 7	3 + 5	5 + 7	6 + 6	2 + 4	7 + 3
2 + 8	3 + 4	5 + 8	7 + 6	1 + 4	5 + 5

1 Rechengeschichten erzählen, passende Minusaufgaben finden.
Eine Aufgabe nicht lösbar.

1

9 – _____   6 + _____

2 Finde die Aufgabe und die Umkehraufgabe.

_____   _____

3

_____   _____

4

_____   _____

5 Rechne. Verbinde Aufgabe und Umkehraufgabe.

5 – 2 = _____	2 + 6 = _____	7 – 9 = _____	6 + 3 = _____
6 – 5 = _____	3 + 2 = _____	10 – 4 = _____	2 + 4 = _____
8 – 6 = _____	1 + 5 = _____	9 – 3 = _____	6 + 4 = _____

Eine Aufgabe nicht lösbar.

1 Male zu den vier verschiedenen Aufgaben.

Eine Aufgabenfamilie.

$$7 + 3 = 10$$

$$10 - 3 = 7$$

$$3 + 7 = 10$$

$$10 - 7 = 3$$

2 Schreibe Aufgabenfamilien.

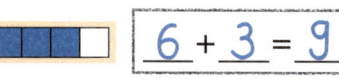
$$6 + 3 = 9$$

$$\_\_ - \_\_ = \_\_$$

$$\_\_ + \_\_ = \_\_$$

$$\_\_ - \_\_ = \_\_$$

$$\_\_ + \_\_ = \_\_$$

$$\_\_ - \_\_ = \_\_$$

$$\_\_ + \_\_ = \_\_$$

$$\_\_ - \_\_ = \_\_$$

3

$$\_\_ + \_\_ = \_\_$$

$$\_\_ - \_\_ = \_\_$$

$$\_\_ + \_\_ = \_\_$$

$$\_\_ - \_\_ = \_\_$$

$$\_\_ + \_\_ = \_\_$$

$$\_\_ - \_\_ = \_\_$$

$$\_\_ + \_\_ = \_\_$$

$$\_\_ - \_\_ = \_\_$$

 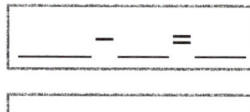

$$\_\_ + \_\_ = \_\_$$

$$\_\_ - \_\_ = \_\_$$

$$\_\_ + \_\_ = \_\_$$

$$\_\_ - \_\_ = \_\_$$

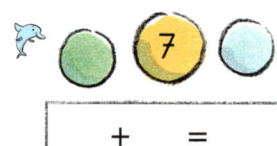 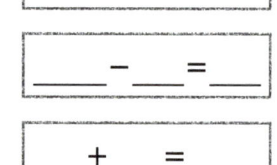

$$\_\_ + \_\_ = \_\_$$

$$\_\_ - \_\_ = \_\_$$

$$\_\_ + \_\_ = \_\_$$

$$\_\_ - \_\_ = \_\_$$

4 Male Zahlen einer Aufgabenfamilie mit der gleichen Farbe an.

1

| 6 | 8 | 4 | 7 | 9 | 10 |

2

8 + ____ = 10	5 + ____ = 8	🐬 11 = 10 + ____	🐬 12 = 6 + ____
7 + ____ = 10	4 + ____ = 8	11 = 9 + ____	12 = 7 + ____
2 + ____ = 10	5 + ____ = 9	11 = 7 + ____	12 = 9 + ____
6 + ____ = 10	3 + ____ = 9	11 = 8 + ____	12 = 8 + ____

3 Setze fort.

6 − 5 = ___
6 − 4 = ___
6 − 3 = ___
6 − ___ = ___
___ − ___ = ___

8 − 4 = ___
7 − 4 = ___
6 − 4 = ___
___ − ___ = ___
___ − ___ = ___

10 − 2 = ___
8 − 2 = ___
6 − 2 = ___
___ − ___ = ___
___ − ___ = ___

9 − 4 = ___
7 − 3 = ___
5 − 2 = ___
___ − ___ = ___
___ − ___ = ___

4 Verbinde.

2 und 3 Diff.: Im Heft fortsetzen, falls lösbar.

10 + 0   10 + 1   10 +

10   11   12   13   14   15

10 +

1

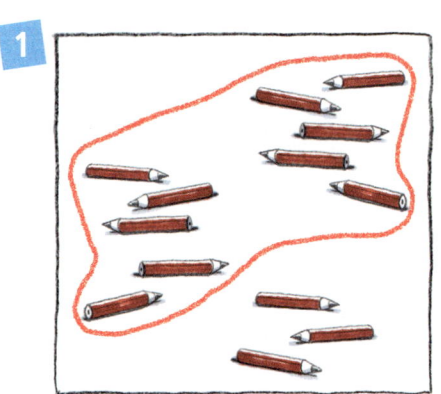

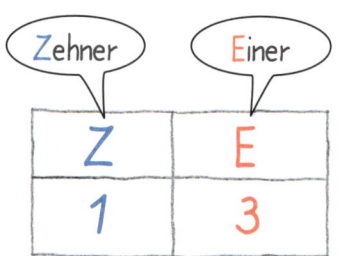

Zehner	Einer
Z	E
1	3

13

dreizehn

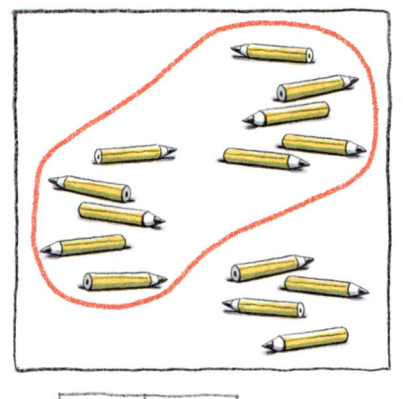

Z	E

_____

Z	E

_____

Z	E

_____

2

Z	E
1	6

_____

Z	E

_____

Z	E

_____

Z	E

_____

Z	E

_____

1 Bündeln, Begriffe Zehner und Einer einführen.

1

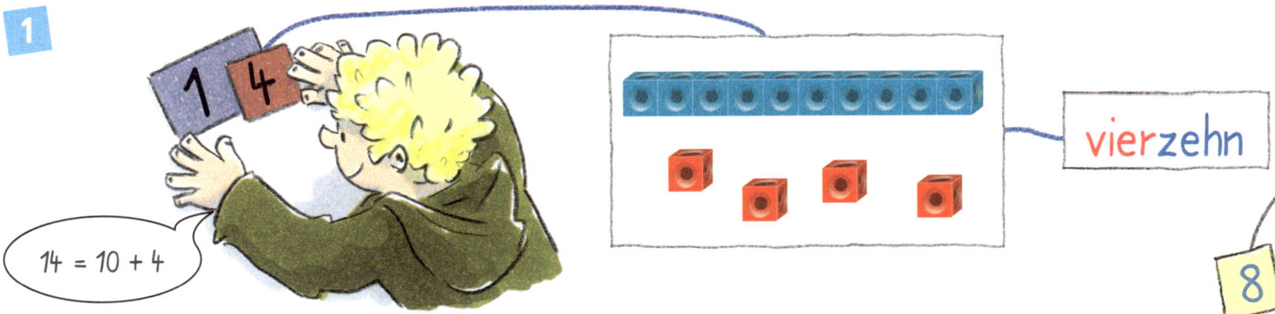

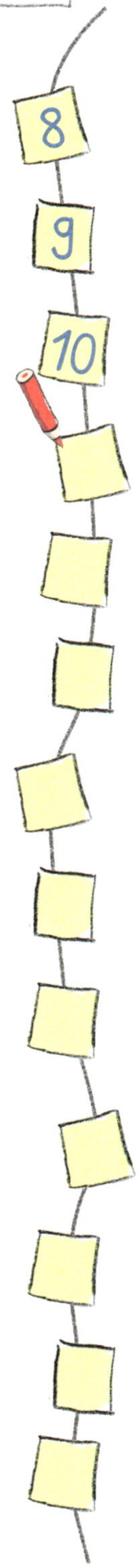

14 = 10 + 4

vier**zehn**

8

9

10

2 Was passt zusammen? Verbinde.

1 3		sieb**zehn**
1 7		fünf**zehn**
1 5		sech**zehn**
1 9		drei**zehn**
1 6		acht**zehn**
1 8		zwölf
1 2		neun**zehn**
1 1		elf

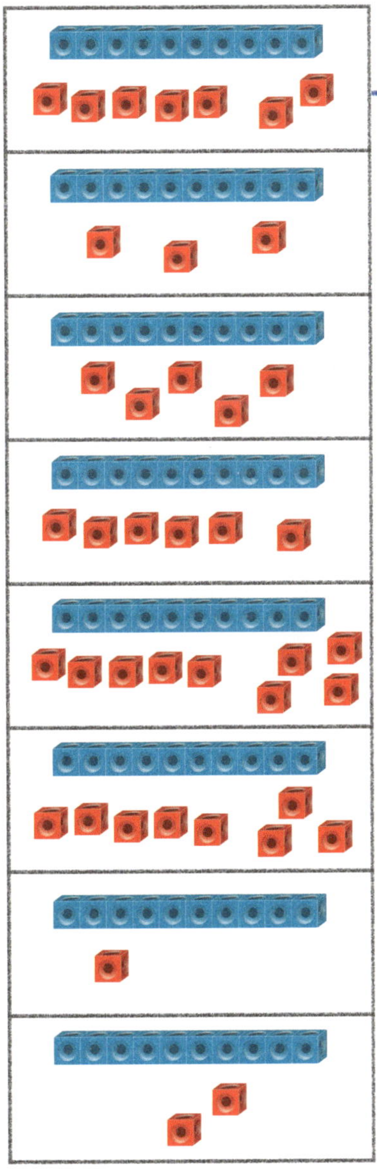

3

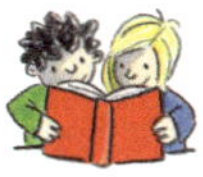

15   10 + 5

Unterschiedliche Zahldarstellungen einander zuordnen.
Steckwürfel auf das Zwanzigerfeld legen.

Parkhaus am Zoo

Café

U AM ZOO

1.   2.   3.

1   Welche Autos haben diese Farbe?

rot   1.,＿＿＿＿＿＿＿＿＿＿＿＿＿＿

grau   ＿＿＿＿＿＿＿＿＿＿＿＿＿＿＿

gelb   ＿＿＿＿＿＿＿＿＿＿＿＿＿＿＿

blau   ＿＿＿＿＿＿＿＿＿＿＿＿＿＿＿

2

Ähnliche Situationen spielen. Entsprechend der Reihenfolge Ordnungszahlen eintragen.
1 Frage gemeinsam besprechen. Evtl. Komma bei Aufzählungen einführen.

1 Trage die Zahlen ein.

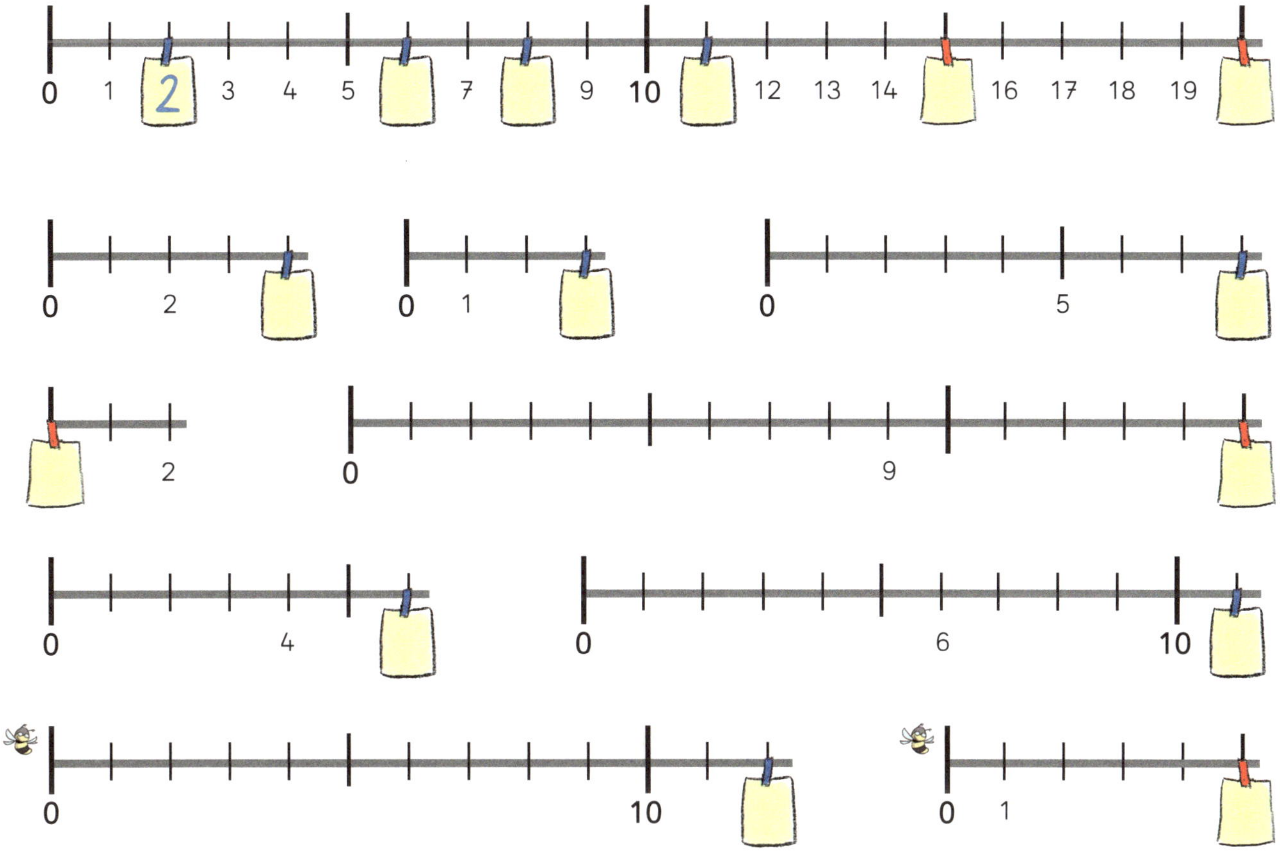

0 1 2 3 4 5 7 9 10 12 13 14 16 17 18 19
0 2
0 1
0 5
2
0 9
0 4
0 6 10
0 10
0 1

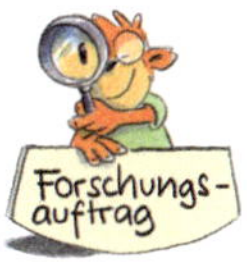

Forschungs-
auftrag

2 Wie lang ist wohl der längste Zahlenstrahl?

3 Welche Zahlen könnten es sein? Tragt ein.

Rechen-
konferenz

0 20
0 20
0 20
0 10
0 10 20
0 10 20
0 20

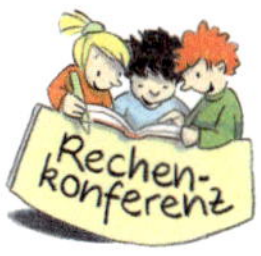

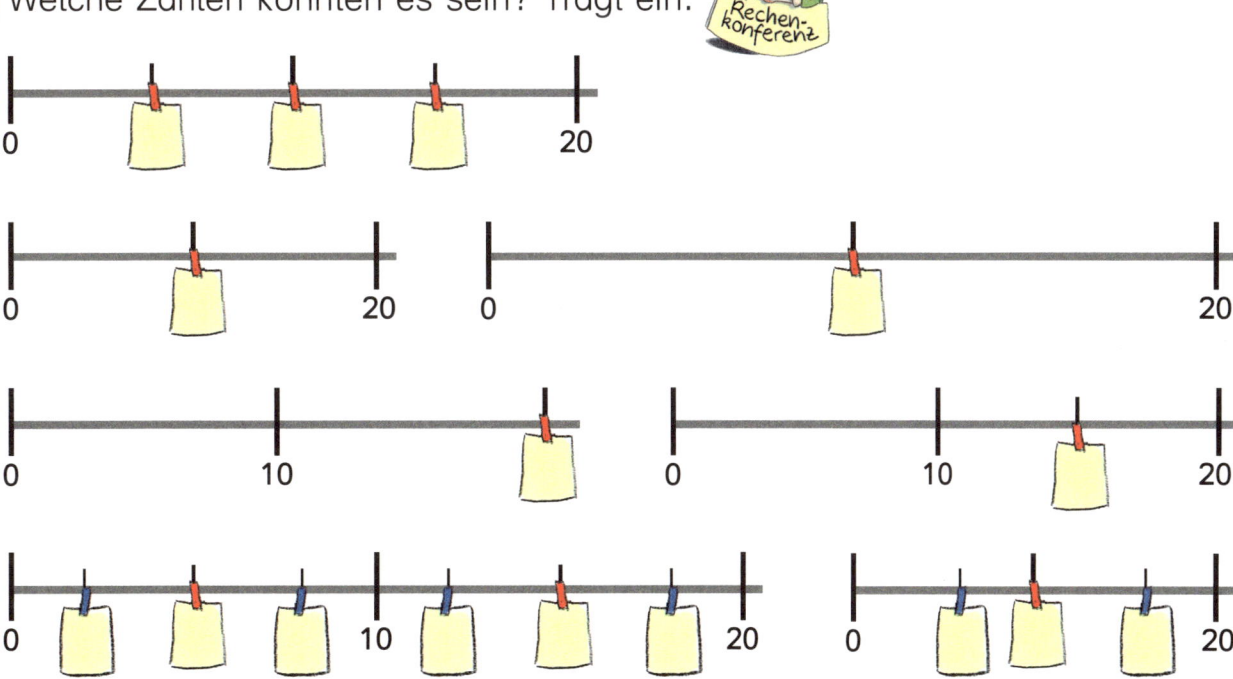

1 Sich am Zahlenstrahl orientieren.
3 Rechenkonferenz: Probieren; die Lösungsvorschläge begründen. „Die Mitte zwischen“ als Lösungsidee einbeziehen.

1 Vorgänger ... Nachfolger

7 | 8 | □   □ | 7 | □

□ | 13 | □   □ | 11 | □   □ | 14 | □

□ | 16 | □   □ | 18 | □   □ | 19 | □

2

12	13	14			10				16				20	
	8				12				15				21	
	5				14				19				29	

3 Nur den **Vorgänger** eintragen.

7 | 8 | □   □ | 18 | □

□ | 14 | □

□ | 9 | □   □ | 19 | □

4 Nur den **Nachfolger** eintragen.

□ | 15 | □

□ | 16 | □

□ | 13 | □

□ | 17 | □

Kinder der Zwanzigerreihe wiedererkennen.
Nachbarzahlen eintragen, in 3 und 4 jedoch nur Vorgänger oder Nachfolger.

1

3   5

12   14

17

2

2	3	4
4		6
5		7

9		11
10		12
11		13

15		17
16		18
17		19

18		20
14		16
13		15

3

19		21
	21	
21		23

	16	
		21
	19	

17		
18		
	17	

4

5   4   3   15

6
0   1   2 14   16

9   10   20 19

7

8   11   12   13 22 21 18 17

W

5

1. _____

_____

_____

6. _____

Nachbarzahlen eintragen. **3** Letzes Päckchen: Offene Aufgaben. **4** Zahlen verbinden.

1 Lege 13 Steckwürfel.

2 Legt Steckwürfel auf das Zwanzigerfeld. Vergleicht.

11   14   15   16   18   17   19   12

3

12

Verschiedene Darstellungen einer Zahl besprechen. Die Strukturierung in Fünfer und Zehner thematisieren.
Das ausklappbare Zwanzigerfeld nutzen.
Evtl. Kopiervorlage „Schnelles Sehen" nutzen.

4 Lege und male.

9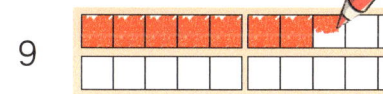

16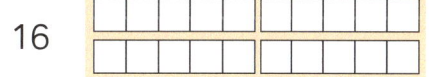

19

14

7

18

17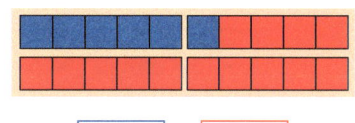

20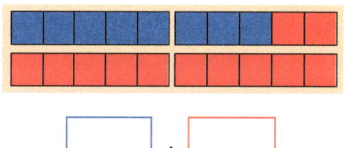

13

15

5 Immer 20.

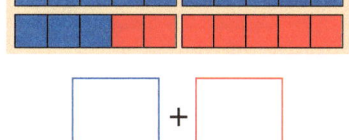

6 + 14

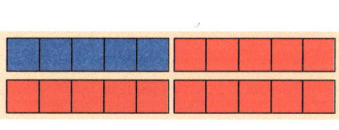 

☐ + ☐   ☐ + ☐

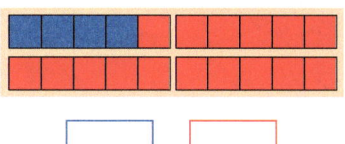 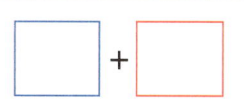 

☐ + ☐   ☐ + ☐   ☐ + ☐

☐ + ☐   ☐ + ☐   ☐ + ☐

  **6** Immer 20.

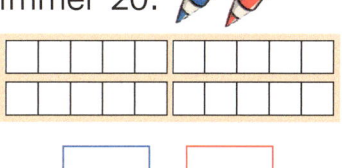 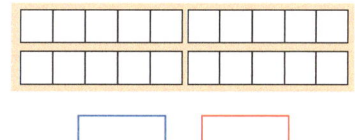 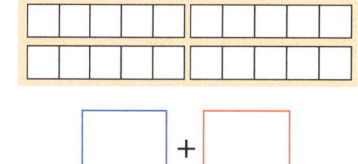

☐ + ☐   ☐ + ☐   ☐ + ☐

6 Offene Aufgaben: Eigene Zerlegungen finden.

1

      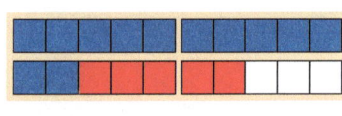

_12_ + _3_ = ___   ___ + ___ = ___   ___ + ___ = ___

___ + ___ = ___   ___ + ___ = ___   ___ + ___ = ___

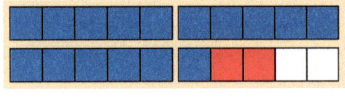      

___ + ___ = ___   ___ + ___ = ___   ___ + ___ = ___

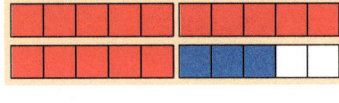   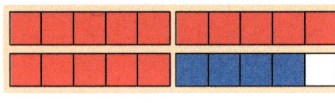   

___ + ___ = ___   ___ + ___ = ___   ___ + ___ = ___

2 Erfinde eigene Aufgaben.

___ + ___ = ___   ___ + ___ = ___   ___ + ___ = ___

W

3

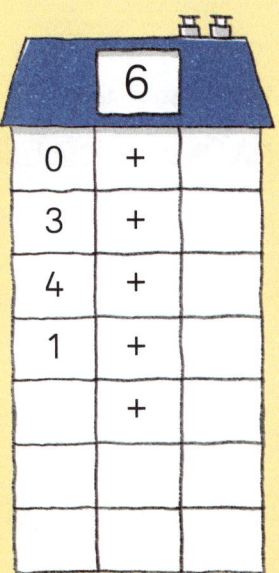

6		
0	+	
3	+	
4	+	
1	+	
	+	

9		
3	+	
0	+	
7	+	
2	+	
	+	

8				
2	+	4	+	
	+		+	
	+		+	
	+		+	
	+		+	

1 Lege, male und rechne.

      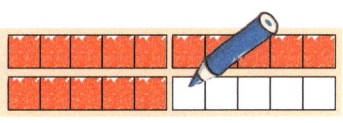

12 + 6 = ____   13 + 3 = ____   15 + 4 = ____

   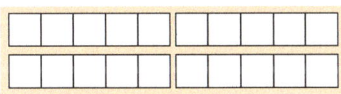   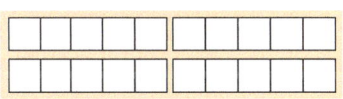

11 + 6 = ____   16 + 3 = ____   14 + 0 = ____

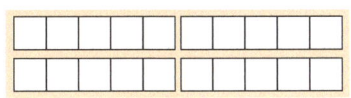   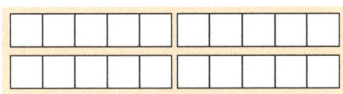   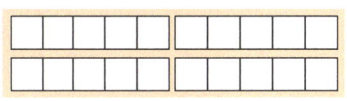

17 + 2 = ____   14 + 5 = ____   18 + 1 = ____

2 Lege und rechne.

13 + 4 = ____   12 + 0 = ____   14 + 3 = ____   19 + 1 = ____
17 + 1 = ____   15 + 3 = ____   12 + 5 = ____   20 + 0 = ____
11 + 3 = ____   18 + 2 = ____   16 + 1 = ____   12 + 4 = ____
16 + 2 = ____   11 + 7 = ____   17 + 2 = ____   18 + 1 = ____
14 + 6 = ____   13 + 6 = ____   15 + 5 = ____   13 + 5 = ____

3 Lege und rechne.

Tausche im Kopf.

11 + 8 = ____   8 + 3 = ____   9 + 3 = ____   3 + 12 = ____
12 + 7 = ____   9 + 2 = ____   7 + 4 = ____   2 + 11 = ____
13 + 7 = ____   6 + 6 = ____   8 + 8 = ____   4 + 12 = ____
11 + 9 = ____   6 + 5 = ____   8 + 4 = ____   8 + 10 = ____
12 + 8 = ____   9 + 4 = ____   7 + 5 = ____   7 + 11 = ____

W

4 5 = 3 + __   10 = 8 + __   9 = 7 + __   6 = 3 + __   7 = 5 + __
5 = 1 + __   10 = 6 + __   7 = 4 + __   4 = 2 + __   6 = 2 + __
5 = 2 + __   10 = 2 + __   8 = 3 + __   8 = 4 + __   9 = 6 + __

1 bis 3 Evtl. Steckwürfel auf das Klapp-Zwanzigerfeld legen.
3 Diff.: Auch Aufgaben mit Zehnerübergang.

1  Quadrat

 Paul
 Lisa
 Tim
 Anna

Wer hat das Quadrat am besten gezeichnet? Begründet.

2 Rechteck Kreis Dreieck Quadrat

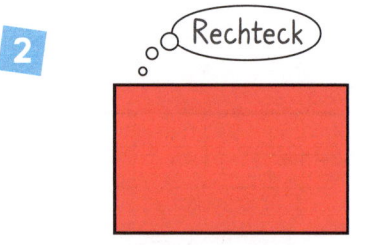

Zeichne die Formen.

3 Nur Rechtecke. Zeichne Laras Bild ab.

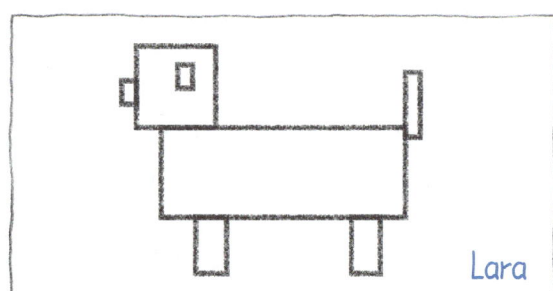 Lara

4 Nur Kreise und Dreiecke. Zeichne ab.

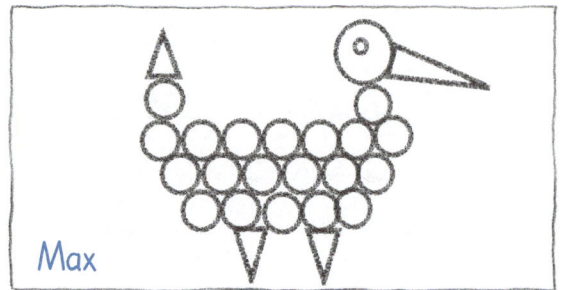 Max

Formen erfassen, beschreiben und ohne Lineal zeichnen.
3 und 4 Diff.: Ein eigenes Bild zeichnen.
Jahrgangsübergreifendes Arbeiten, vgl. Denken und Rechnen 2, S. 78 bis 82.

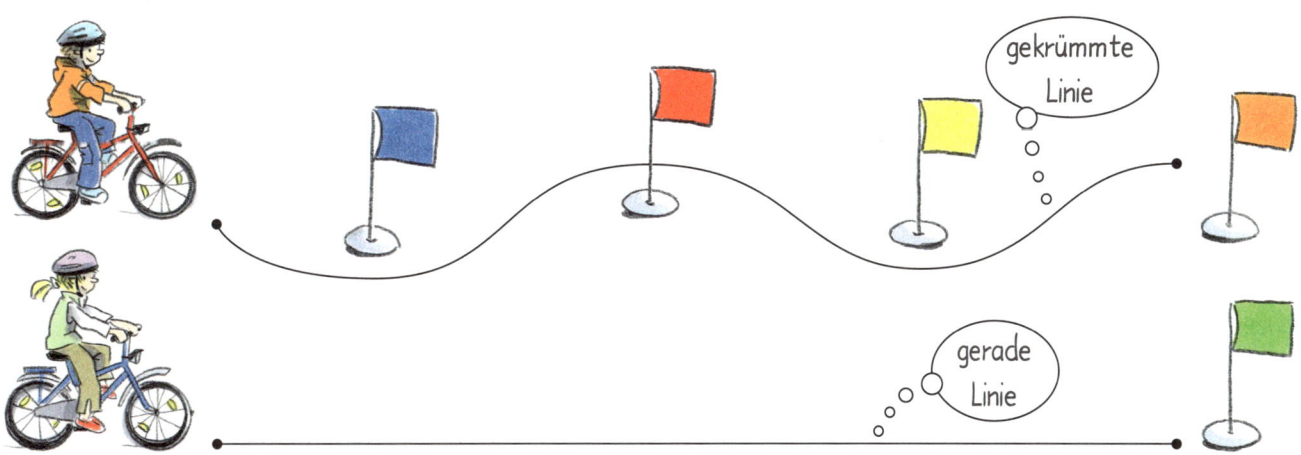

1 Verbinde.
Zeichne **gekrümmte** Linien.

2 Verbinde.
Zeichne **gerade** Linien.

3 Setze mit geraden Linien fort. Verwende dein Lineal.

4 Setze fort.

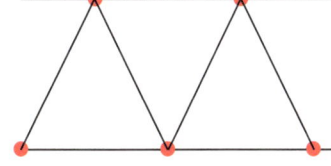

5 Zeichne eigene Linien.

Verbinde gleichfarbige Punkte. Gerade und gekrümmte Linien benennen und Unterschiede angeben.
Freihändig zeichnen. Das Lineal bei geraden Linien benutzen.
Jahrgangsübergreifendes Arbeiten, vgl. Denken und Rechnen 2, S. 78 bis 82.

Schritt

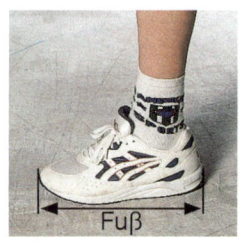
Fuß

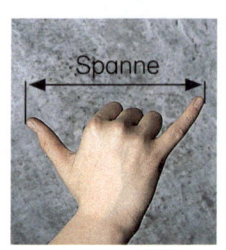
Spanne

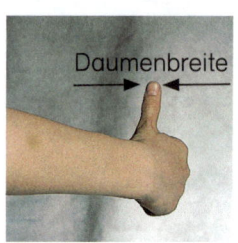
Daumenbreite

1 Miss die Gegenstände mit einem Körpermaß.

Mathebuch	Tafel	Bleistift
Schülertisch	Klassenraum	Radiergummi

1 Zentimeter
1 cm

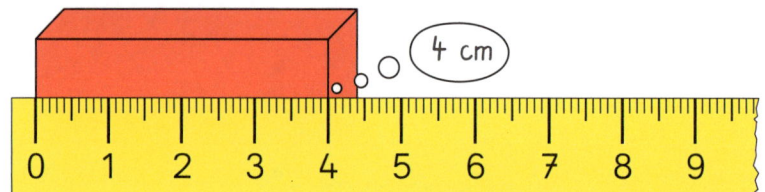

4 cm

0 1 2 3 4 5 6 7 8 9

2 Miss die Länge der Bleistifte in cm.

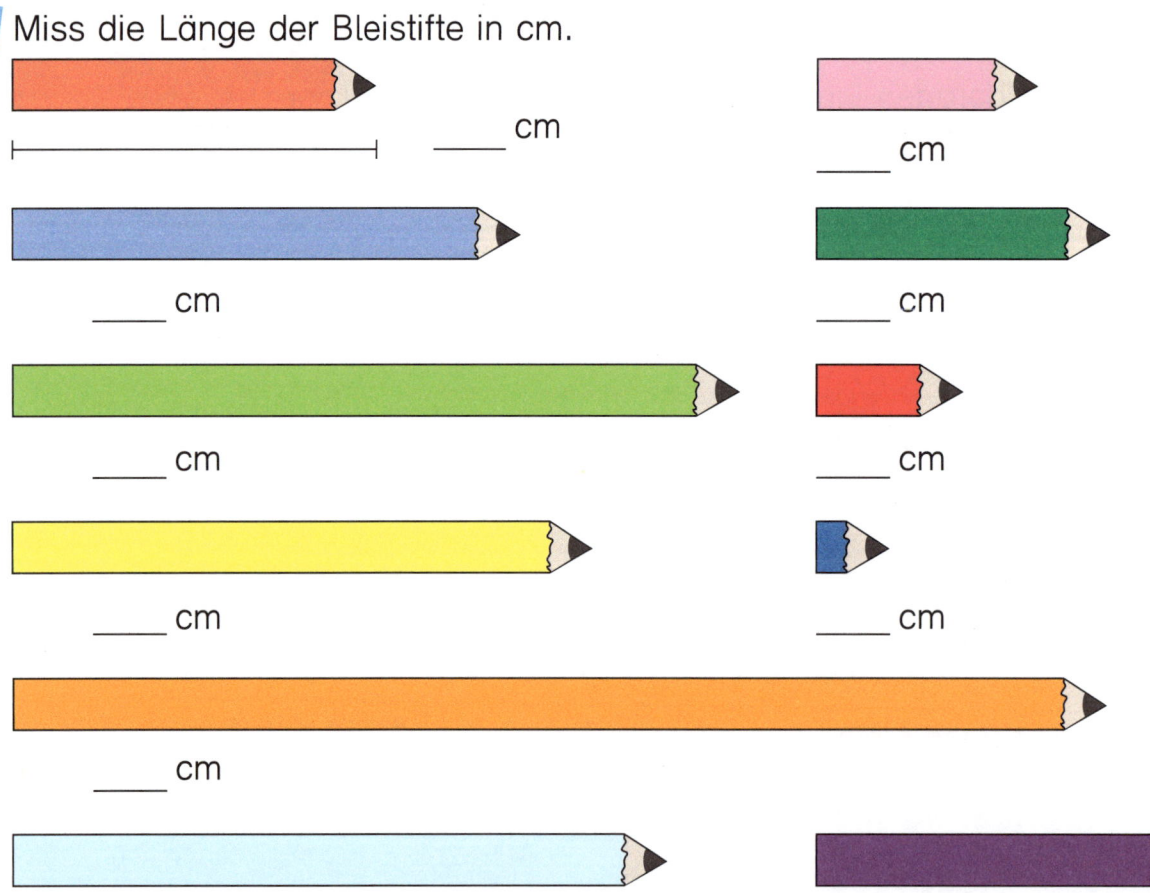

_____ cm

_____ cm

_____ cm

_____ cm

_____ cm

_____ cm

_____ cm

_____ cm

_____ cm

_____ cm

_____ cm

_____ cm

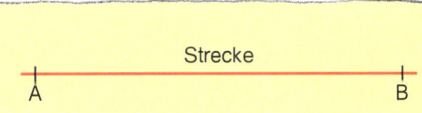

Strecke

A ——————————— B

Eine **Strecke** ist durch zwei Punkte begrenzt. Punkte bekommen einen Großbuchstaben als Namen.

1 Miss die Strecken. Gib die Länge immer in cm an.

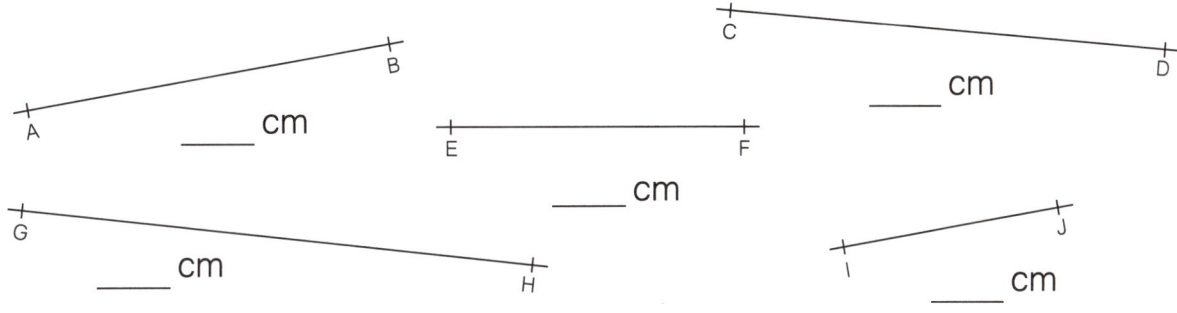

A _____ B ____ cm

E _____ F ____ cm

C _____ D ____ cm

G _____ H ____ cm

I _____ J ____ cm

2 Zeichne Strecken.

3 cm   4 cm

5 cm   6 cm

8 cm

13 cm

2 cm   1 cm

10 cm

W

3

Vorgänger	Zahl	Nachfolger
3	4	5
	10	
	7	
	15	
	1	
	19	

4

Vorgänger	Zahl	Nachfolger
9		
5		
		17
	12	
10		
		22

1

Lege 15, nimm 3 weg.

$15 - 3 =$ _____

2

15 – 3 = ____   15 – 4 = ____   15 – 5 = ____

17 – 4 = ____   18 – 4 = ____   19 – 4 = ____

3 Streiche durch. Rechne.

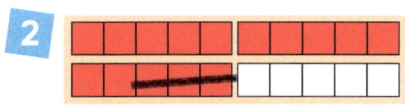

14 – 3 = ____   13 – 3 = ____   12 – 1 = ____

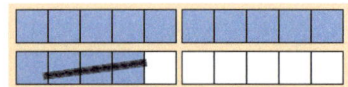

17 – 5 = ____   18 – 5 = ____   19 – 7 = ____

16 – 2 = ____   15 – 1 = ____   14 – 0 = ____

4 Male an. Streiche durch. Rechne.

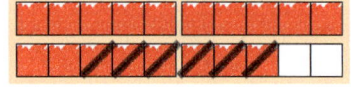

18 – 6 = ____   16 – 3 = ____   15 – 0 = ____

17 – 2 = ____   19 – 5 = ____   18 – 7 = ____

Steckwürfel oder anderes Material legen und wegnehmen.

5

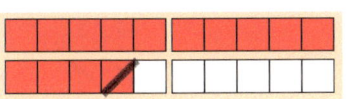

14 − ___ = ____

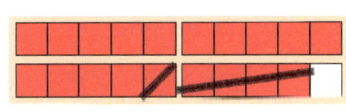

16 − ___ = ____

19 − ___ = ____

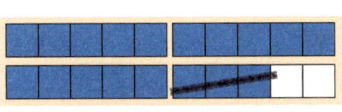

____ − ___ = ____

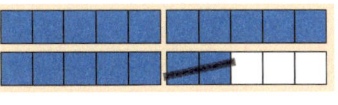

____ − ___ = ____

____ − ___ = ____

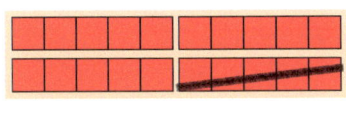

____ − ___ = ____

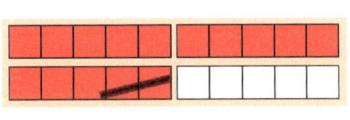

____ − ___ = ____

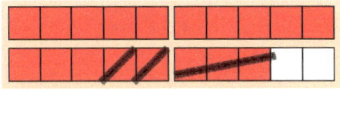

____ − ___ = ____

6 Erfinde eigene Aufgaben.

 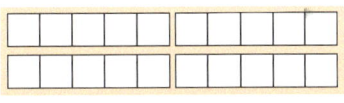 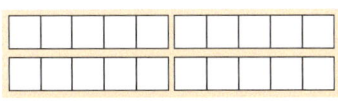

____ − ____ = ____   ____ − ____ = ____   ____ − ____ = ____

7 Lege. Nimm weg. Rechne.

16 − 1 = ____	19 − 5 = ____	20 − 6 = ____	17 − 3 = ____
18 − 4 = ____	18 − 2 = ____	18 − 3 = ____	15 − 5 = ____
17 − 4 = ____	17 − 5 = ____	15 − 4 = ____	18 − 1 = ____
15 − 0 = ____	16 − 2 = ____	13 − 2 = ____	12 − 2 = ____

 8

18 − 5 = ____	20 − 3 = ____	14 − 3 = ____	18 − 7 = ____
19 − 6 = ____	14 − 1 = ____	20 − 9 = ____	11 − 0 = ____
16 − 3 = ____	16 − 5 = ____	18 − 8 = ____	19 − 4 = ____
17 − 6 = ____	17 − 0 = ____	16 − 4 = ____	20 − 10 = ____

W

9

13 + 2 = ____	15 + 1 = ____	14 + 4 = ____	17 + 2 = ____
13 + 5 = ____	15 + 3 = ____	16 + 4 = ____	11 + 2 = ____
13 + 4 = ____	15 + 5 = ____	12 + 4 = ____	14 + 2 = ____

6 Offene Aufgaben.
7 Evtl. Steckwürfel oder anderes Material legen und wegnehmen.

1

Was fällt euch auf?

$7 - 3 =$ ____

$17 - 3 =$ ____

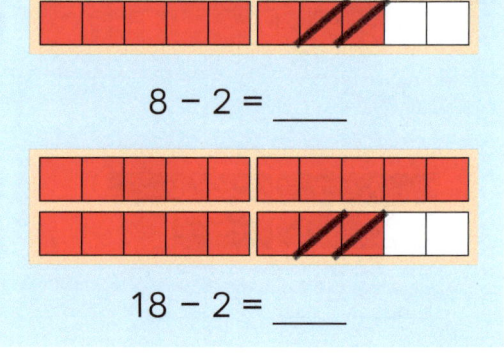

$8 - 2 =$ ____

$18 - 2 =$ ____

2 Lege. Nimm weg. Rechne.

$5 - 3 =$ ____
$15 - 3 =$ ____

$8 - 4 =$ ____
$18 - 4 =$ ____

$7 - 5 =$ ____
$17 - 5 =$ ____

$9 - 2 =$ ____
$19 - 2 =$ ____

$6 - 2 =$ ____
$16 -$ ____

$9 - 3 =$ ____
____

$8 - 6 =$ ____
____

$4 - 3 =$ ____
____

3 Verbinde erst die passenden Aufgaben. Rechne dann.

$5 - 2 =$ ____

$16 - 5 =$ ____

$20 - 5 =$ ____

$17 - 6 =$ ____

$6 - 5 =$ ____

$10 - 5 =$ ____

$18 - 3 =$ ____

$19 - 7 =$ ____

$15 - 2 =$ ____

$8 - 3 =$ ____

$9 - 7 =$ ____

$7 - 6 =$ ____

4 Welche Aufgabe hilft?

$3 - 2 = 1$
$13 - 2 =$ ___

____ $-$ ____ $=$ ____
$16 - 3 =$ ___

____ $-$ ____ $=$ ____
$15 - 4 =$ ___

____ $-$ ____ $=$ ____
$14 - 2 =$ ___

____ $-$ ____ $=$ ____
$19 - 6 =$ ___

____ $-$ ____ $=$ ____
$18 - 5 =$ ___

____ $-$ ____ $=$ ____
$17 - 4 =$ ___

____ $-$ ____ $=$ ____
$19 - 5 =$ ___

Analogie im zweiten Zehner nutzen.

1

Was fällt euch auf?

4 + 3 = ____

14 + 3 = ____

6 + 3 = ____

16 + 3 = ____

2 Welche Aufgabe hilft?

_5_ + _2_ = _7_
15 + 2 = ____

___ + ___ = ___
11 + 5 = ____

___ + ___ = ___
15 + 4 = ____

___ + ___ = ___
14 + 4 = ____

___ + ___ = ___
13 + 4 = ____

___ + ___ = ___
16 + 2 = ____

___ + ___ = ___
17 + 3 = ____

___ + ___ = ___
18 + 1 = ____

3 Verbinde erst die passenden Aufgaben. Rechne dann.

3 + 2 = ____

11 + 3 = ____

4 + 2 = ____

14 + 2 = ____

1 + 3 = ____

13 + 2 = ____

14 + 5 = ____

17 + 2 = ____

10 + 6 = ____

0 + 6 = ____

7 + 2 = ____

4 + 5 = ____

 4 Finde eine passende Aufgabe.

3 + 6 = ____
____ + ___ = ___

2 + 5 = ____
____ + ___ = ___

5 + 3 = ____
____ + ___ = ___

0 + 4 = ____
____ + ___ = ___

2 + 6 = ____
____ + ___ = ___

6 + 4 = ____
____ + ___ = ___

9 + 0 = ____
____ + ___ = ___

8 + 1 = ____
____ + ___ = ___

Analogie im zweiten Zehner nutzen.
4 Diff.: Die Aufgabe ist offen für eine Überschreitung des Zahlenraums;
Analogien können auch im größeren Zahlenraum angewendet werden, z.B. 3+4, 13+4, 23+4, 33+4 usw., evtl. im Heft fortsetzen.

Hirsche

8 –

Rehe

6 + 3 =

Krähen

Amseln

Blaumeisen

Hasen

Rotkehlchen

Rechengeschichten erzählen. Additions- oder Subtraktionsaufgaben schreiben und begründen. Zum Teil ist beides möglich.

Erwachsene

Kinder

Schilf

Enten

Wie viele?

Personen

Erwachsene	⊦⊦⊦⊦ I	6
Kinder		
Mützen		

Baumstämme

Welche Aufgabe passt zum Bild? Kreuze an.

1

- ○ 8 + 2 = ____
- ⊗ 6 + 2 = __8__
- ○ 6 – 2 = ____

- ○ 8 – 1 = ____
- ○ 5 + 3 = ____
- ○ 4 – 3 = ____

2

- ○ 5 – 2 = ____
- ○ 7 – 2 = ____
- ○ 5 + 2 = ____

- ○ 6 – 3 = ____
- ○ 3 + 3 = ____
- ○ 3 – 3 = ____

3

- ○ 6 + 2 = ____
- ○ 5 – 3 = ____
- ○ 8 – 3 = ____

- ○ 5 + 4 = ____
- ○ 5 – 4 = ____
- ○ 9 – 2 = ____

4

- ○ 4 – 3 = ____
- ○ 3 + 4 = ____
- ○ 7 + 3 = ____

- ○ 5 – 2 = ____
- ○ 7 + 2 = ____
- ○ 7 – 5 = ____

 **5**

- ○ 9 – 6 = ____
- ○ 6 – 3 = ____
- ○ 3 + 3 = ____

- ○ 5 – 2 = ____
- ○ 2 + 5 = ____
- ○ 7 + 2 = ____

Rechengeschichten erzählen. Passende Aufgabe ankreuzen und ausrechnen.

1 Rechen-konferenz

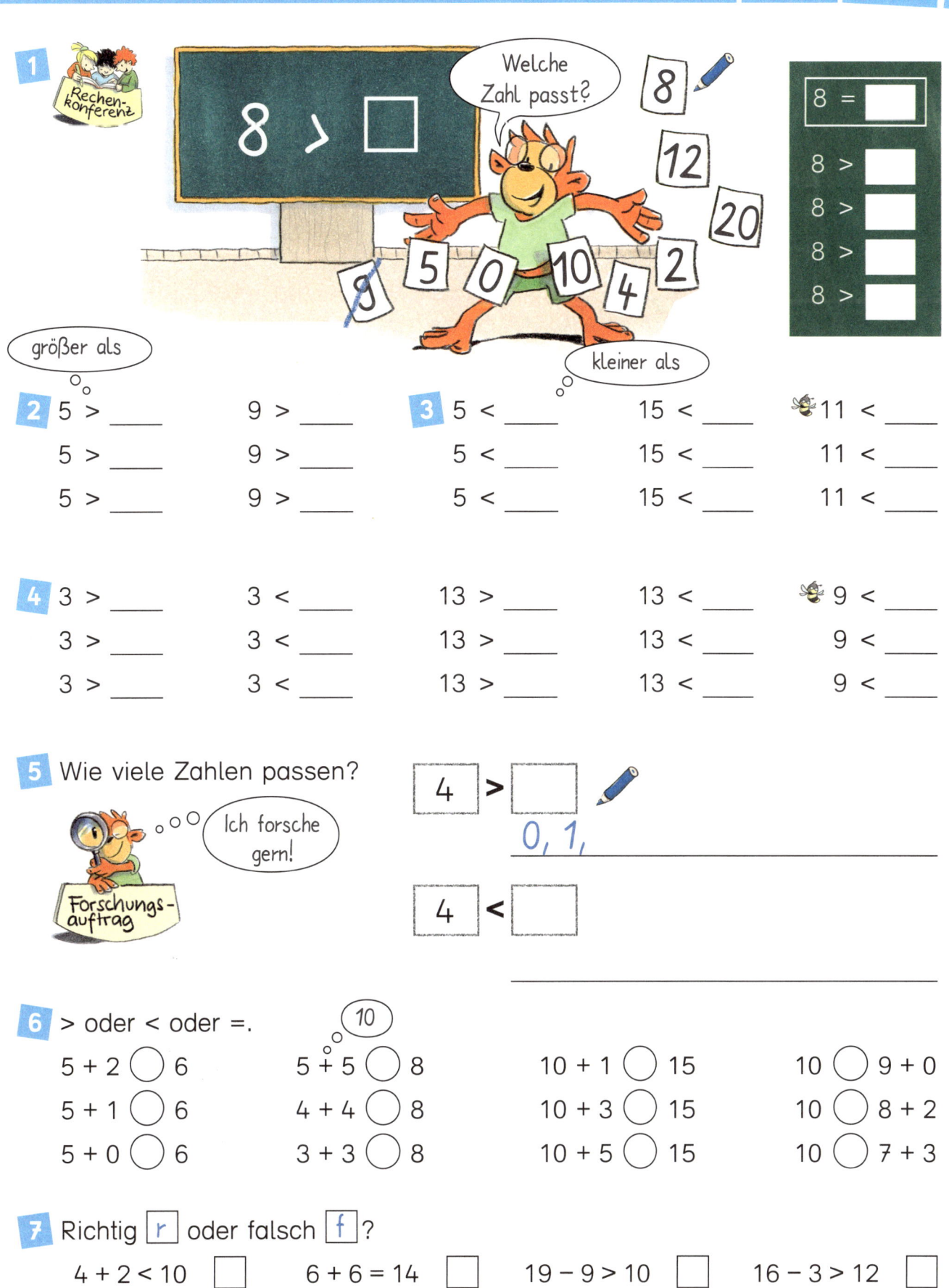

Welche Zahl passt?

8 > ☐

8 = ☐
8 > ☐
8 > ☐
8 > ☐
8 > ☐

größer als

kleiner als

2 5 > ___   9 > ___   **3** 5 < ___   15 < ___   11 < ___

    5 > ___   9 > ___   5 < ___   15 < ___   11 < ___

    5 > ___   9 > ___   5 < ___   15 < ___   11 < ___

4 3 > ___   3 < ___   13 > ___   13 < ___   9 < ___

    3 > ___   3 < ___   13 > ___   13 < ___   9 < ___

    3 > ___   3 < ___   13 > ___   13 < ___   9 < ___

5 Wie viele Zahlen passen?

Ich forsche gern!

Forschungs-auftrag

4 > ☐

0, 1, _____

4 < ☐

_____

6 > oder < oder =.   ⟨10⟩

5 + 2 ◯ 6   5 + 5 ◯ 8   10 + 1 ◯ 15   10 ◯ 9 + 0

5 + 1 ◯ 6   4 + 4 ◯ 8   10 + 3 ◯ 15   10 ◯ 8 + 2

5 + 0 ◯ 6   3 + 3 ◯ 8   10 + 5 ◯ 15   10 ◯ 7 + 3

7 Richtig ⟨r⟩ oder falsch ⟨f⟩?

4 + 2 < 10 ☐   6 + 6 = 14 ☐   19 − 9 > 10 ☐   16 − 3 > 12 ☐

14 + 2 < 20 ☐   13 + 5 < 20 ☐   9 − 6 = 3 ☐   16 − 5 > 12 ☐

6 + 3 < 9 ☐   8 + 2 < 10 ☐   8 − 3 > 5 ☐   18 − 4 = 14 ☐

1 In der Rechenkonferenz Lösungsvorschläge diskutieren. Lösen mithilfe von Zahlenschildern. Entdecken, dass Ungleichungen mehrere Lösungen haben können. 4 Entdecken, dass es bei < unendlich viele und bei > endlich viele Lösungen gibt.
6 Falsche Ungleichungen und Gleichungen im Heft berichtigen.

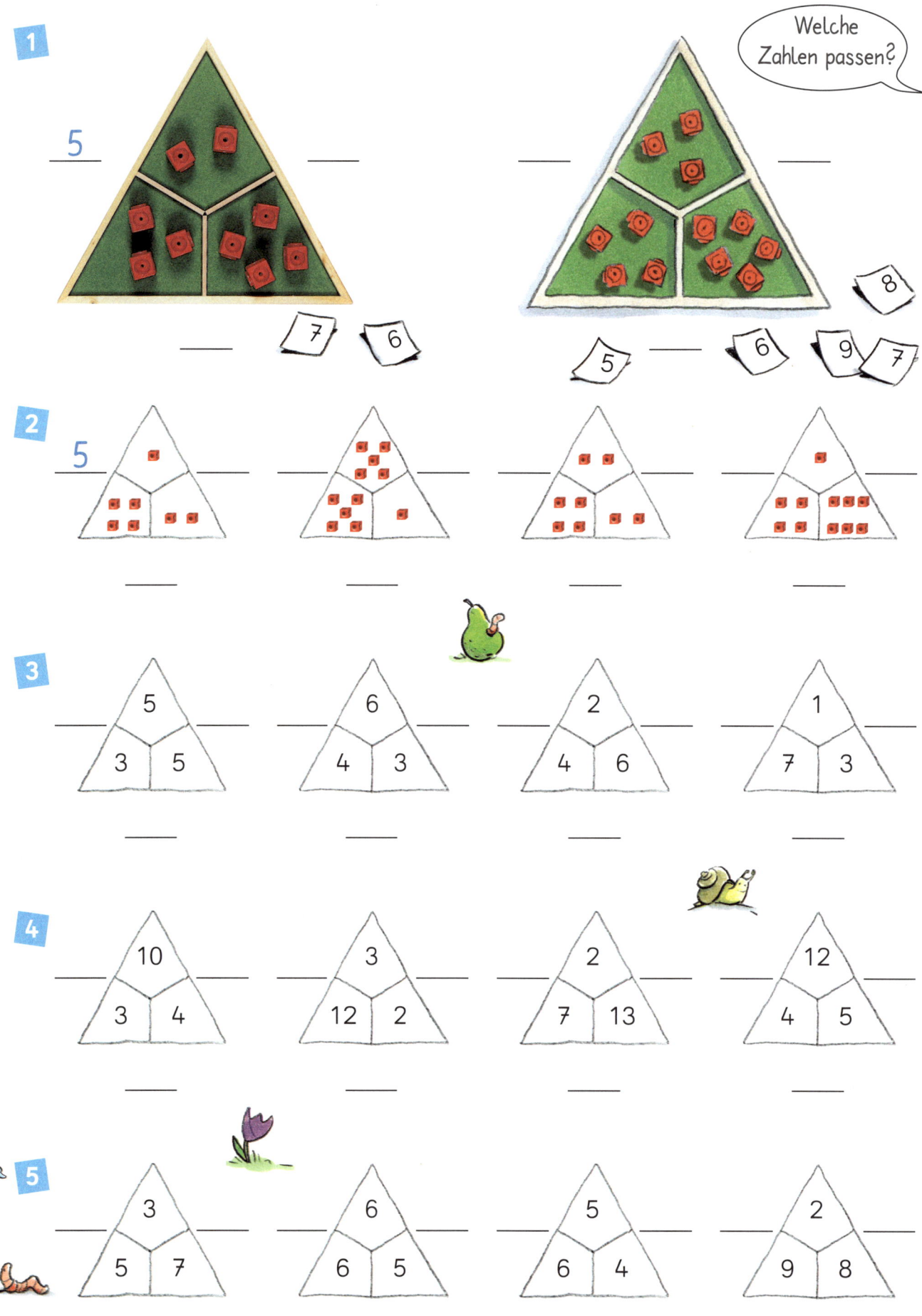

1 Welche Zahlen passen?

5   7   6

8   5   6   9   7

2 5

3

5 / 3 5

6 / 4 3

2 / 4 6

1 / 7 3

4

10 / 3 4

3 / 12 2

2 / 7 13

12 / 4 5

5

3 / 5 7

6 / 6 5

5 / 6 4

2 / 9 8

Beim Rechendreieck jeweils die Zahlen zweier benachbarter Felder addieren.
5 Diff.: Aufgaben mit Zehnerübergang.

1   6 + 3 = ____   2 + 7 = ____   4 + 5 = ____   9 + 1 = ____   6 + 4 = ____

     16 + 3 = ____   12 + 7 = ____   14 + 5 = ____   19 + 1 = ____   16 + 4 = ____

2   9 – 4 = ____   8 – 5 = ____   10 – 4 = ____   5 – 4 = ____   6 – 4 = ____

     19 – 4 = ____   18 – 5 = ____   20 – 4 = ____   15 – 4 = ____   16 – 4 = ____

3

9   4   5   2   8   10   13   17   4   16

____ + ____ = ____   ____ + ____ = ____   ____ + ____ = ____   ____ + ____ = ____

____ – ____ = ____   ____ – ____ = ____   ____ – ____ = ____   ____ – ____ = ____

____ + ____ = ____   ____ + ____ = ____   ____ + ____ = ____   ____ + ____ = ____

____ – ____ = ____   ____ – ____ = ____   ____ – ____ = ____   ____ – ____ = ____

4

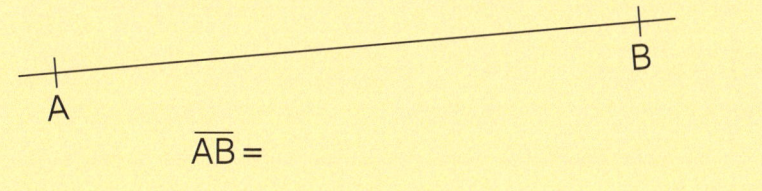

5 + _____   _____   _____

5 Miss die Strecken. Gib die Länge in cm an.

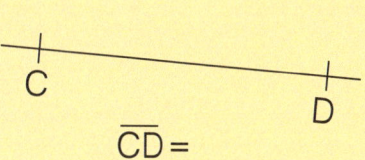

$\overline{AB}$ = $\overline{CD}$ =

6 Zeichne Strecken.

    3 cm

    7 cm

    5 cm

1 bis 3 Evtl. mit Materialhilfe.
4 Partnerarbeit: Rechengeschichten erzählen, rechnen.

1  Welche Aufgabe fällt euch leichter? Begründet.

3 + 14 = _____

14 + 3 = _____

2 Rechne erst die leichtere Aufgabe.

3 + 12 = _____
12 + 3 = _____

16 + 2 = _____
2 + 16 = _____

4 + 16 = _____
16 + 4 = _____

6 + 12 = _____
12 + 6 = _____

15 + 4 = _____
4 + 15 = _____

14 + 5 = _____
5 + 14 = _____

5 + 11 = _____
11 + 5 = _____

8 + 11 = _____
11 + 8 = _____

3 Verbinde Aufgabe und Tauschaufgabe. Rechne.

2 + 13 = _____

13 + 2 = _____

2 + 18 = _____

14 + 4 = _____

7 + 12 = _____

13 + 6 = _____

4 + 14 = _____

18 + 2 = _____

6 + 13 = _____

12 + 7 = _____

0 + 16 = _____

16 + 0 = _____

4 *Ich tausche im Kopf. 15 + 2 ist leichter.*

2 + 15 = _____
7 + 11 = _____
1 + 18 = _____
12 + 8 = _____

5 + 13 = _____
16 + 3 = _____
2 + 17 = _____
1 + 19 = _____

3 + 15 = _____
6 + 11 = _____
12 + 5 = _____
9 + 11 = _____

12 + 4 = _____
3 + 17 = _____
6 + 14 = _____
9 + 10 = _____

W

5
6 – 2 = ___
6 – 3 = ___
6 – 5 = ___
6 – 4 = ___
6 – 1 = ___

7 – 6 = ___
7 – 5 = ___
7 – 2 = ___
7 – 3 = ___
7 – 4 = ___

8 – 2 = ___
8 – 3 = ___
8 – 7 = ___
8 – 6 = ___
8 – 4 = ___

19 – 3 = _____
15 – 3 = _____
13 – 3 = _____
18 – 3 = _____
17 – 3 = _____

16 – 6 = _____
18 – 5 = _____
14 – 3 = _____
19 – 4 = _____
17 – 1 = _____

Starke Päckchen kannst du fortsetzen.

1   Welche Päckchen sind starke Päckchen? Kreuze an.

$8 - 2 =$ ___	$2 + 3 =$ ___	$14 + 1 =$ ___	$15 - 3 =$ ___
$6 - 2 =$ ___	$3 + 3 =$ ___	$14 + 2 =$ ___	$16 - 4 =$ ___
$5 - 2 =$ ___	$4 + 3 =$ ___	$14 + 3 =$ ___	$17 - 5 =$ ___
$7 - 2 =$ ___	$5 + 3 =$ ___	$14 +$ ___ $=$ ___	$18 -$ ___ $=$ ___
___ $-$ ___ $=$ ___	$6 +$ ___ $=$ ___	___ $+$ ___ $=$ ___	___ $-$ ___ $=$ ___
___ $-$ ___ $=$ ___	___ $+$ ___ $=$ ___	___ $+$ ___ $=$ ___	___ $-$ ___ $=$ ___

☐ stark   ☒ stark   ☐ stark   ☐ stark
☒ nicht stark   ☐ nicht stark   ☐ nicht stark   ☐ nicht stark

2

$4 + 4 =$ ___	$20 - 1 =$ ___	$10 + 2 =$ ___	$17 - 4 =$ ___
$6 + 5 =$ ___	$19 - 2 =$ ___	$12 + 2 =$ ___	$15 - 3 =$ ___
$5 + 3 =$ ___	$18 - 3 =$ ___	$14 + 2 =$ ___	$19 - 2 =$ ___
___ $+$ ___ $=$ ___	___ $-$ ___ $=$ ___	___ $+$ ___ $=$ ___	___ $-$ ___ $=$ ___
___ $+$ ___ $=$ ___	___ $-$ ___ $=$ ___	___ $+$ ___ $=$ ___	___ $-$ ___ $=$ ___

☐ stark   ☐ stark   ☐ stark   ☐ stark
☐ nicht stark   ☐ nicht stark   ☐ nicht stark   ☐ nicht stark

$17 - 5 =$ ___	$11 + 8 =$ ___	___ $-$ ___ $=$ ___	___ $+$ ___ $=$ ___
$16 - 4 =$ ___	$12 + 7 =$ ___	___ $-$ ___ $=$ ___	___ $+$ ___ $=$ ___
$14 - 3 =$ ___	$13 + 6 =$ ___	___ $-$ ___ $=$ ___	___ $+$ ___ $=$ ___
___ $-$ ___ $=$ ___	___ $+$ ___ $=$ ___	___ $-$ ___ $=$ ___	___ $+$ ___ $=$ ___
___ $-$ ___ $=$ ___	___ $+$ ___ $=$ ___	___ $-$ ___ $=$ ___	___ $+$ ___ $=$ ___

☐ stark   ☐ stark   ☒ stark   ☒ stark
☐ nicht stark   ☐ nicht stark   ☐ nicht stark   ☐ nicht stark

W

3

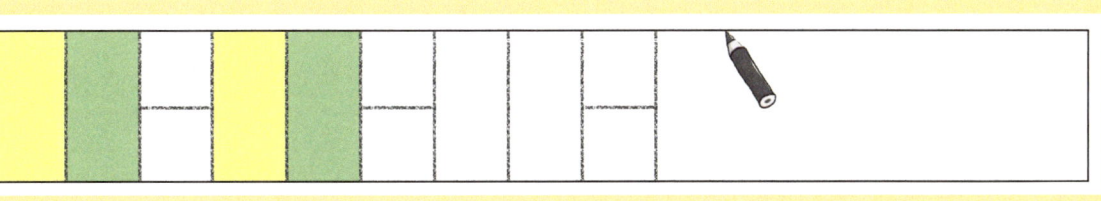

1 In Partnerarbeit prüfen, ob fortsetzbare Aufgabenmuster vorliegen. Leerzeilen nicht starker Päckchen streichen.
2 Am Ende zwei offene Aufgaben: Eigene starke Päckchen entwickeln.
3 Freihandzeichnen.

1   Was ist passiert?

1 + ___ = 3   2 + ___ = 5

5 + ___ = 10   6 + ___ = 9

7 + ___ = 11   9 + ___ = 12

2   Wie viele kommen hinzu?

8 + ___ = 10	6 + ___ = 8	10 + ___ = 15	15 + ___ = 17
4 + ___ = 10	7 + ___ = 8	14 + ___ = 15	10 + ___ = 17
5 + ___ = 10	5 + ___ = 8	11 + ___ = 15	13 + ___ = 17
6 + ___ = 10	8 + ___ = 8	13 + ___ = 15	12 + ___ = 17

 3

7 + ___ = 9	0 + ___ = 6	10 + ___ = 16	11 + ___ = 17
7 + ___ = 7	5 + ___ = 9	15 + ___ = 19	12 + ___ = 15
7 + ___ = 8	4 + ___ = 7	14 + ___ = 17	13 + ___ = 18
7 + ___ = 10	4 + ___ = 8	16 + ___ = 18	11 + ___ = 20

4

8 + ___ = 11	6 + ___ = 12	7 + ___ = 13	9 + ___ = 16
8 + ___ = 12	9 + ___ = 12	5 + ___ = 13	4 + ___ = 11
8 + ___ = 13	7 + ___ = 12	6 + ___ = 13	7 + ___ = 14
8 + ___ = 15	5 + ___ = 12	4 + ___ = 13	6 + ___ = 15

Ergänzen als Hinzukommen deuten.
2, 3 und 4 Evtl. Material legen.

1 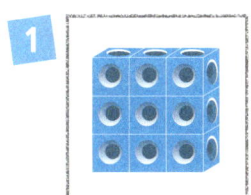 Baue und ergänze.

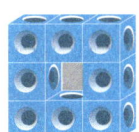  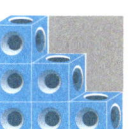

9   8 + ___ = 9   7 + ___ = 9   6 + ___ = 9

2 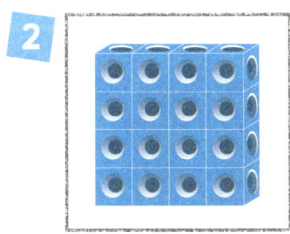 Baue und ergänze.

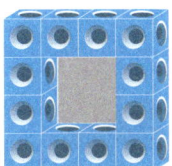 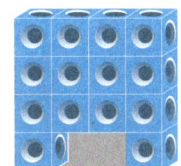 

_16_   12 + ___ = _16_   14 + ___ = ___   6 + ___ = ___

 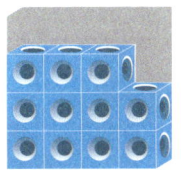  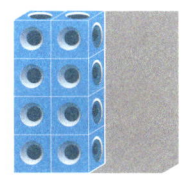

___ + ___ = ___   ___ + ___ = ___   ___ + ___ = ___   ___ + ___ = ___

3

2 + ___ = 10	9 + ___ = 10	16 + ___ = 20	13 + ___ = 20
3 + ___ = 10	8 + ___ = 10	14 + ___ = 20	15 + ___ = 20
5 + ___ = 10	7 + ___ = 10	12 + ___ = 20	16 + ___ = 20
___ + ___ = ___	___ + ___ = ___	___ + ___ = ___	___ + ___ = ___
___ + ___ = ___	___ + ___ = ___	___ + ___ = ___	___ + ___ = ___

☐ stark   ☐ stark   ☐ stark   ☐ stark
☒ nicht stark   ☐ nicht stark   ☐ nicht stark   ☐ nicht stark

4

7 + ___ = 13	5 + ___ = 12	9 + ___ = 15	9 + ___ = 12
8 + ___ = 14	6 + ___ = 12	9 + ___ = 14	8 + ___ = 13
9 + ___ = 15	7 + ___ = 12	9 + ___ = 12	7 + ___ = 14
___ + ___ = ___	___ + ___ = ___	___ + ___ = ___	___ + ___ = ___
___ + ___ = ___	___ + ___ = ___	___ + ___ = ___	___ + ___ = ___

☐ stark   ☐ stark   ☐ stark   ☐ stark
☐ nicht stark   ☐ nicht stark   ☐ nicht stark   ☐ nicht stark

1 und **2** Gruppenarbeit: Bauen, auffüllend und rechnerisch ergänzen.
3 und **4** Evtl. Material legen. Prüfen, ob „starke Päckchen" vorliegen. Entsprechend ankreuzen. Starke Päckchen fortsetzen.

1 A 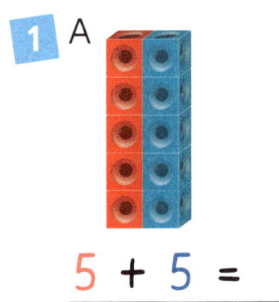   B

$5 + 5 =$ _____

_____

C

D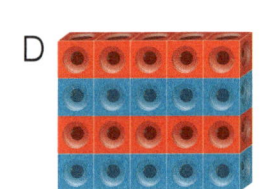

_____   _____

2

_____   _____   _____   _____

_____   _____   _____   _____

   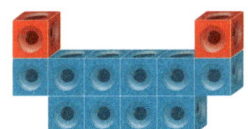   

_____   _____   _____

3 Baue. Male an. Rechne.

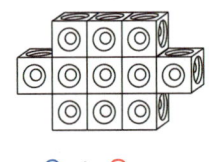   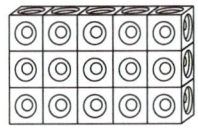   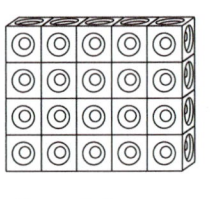   

$9 + 2 =$ ___ $12 + 3 =$ ___ $6 + 14 =$ ___ $10 + 5 =$ ___

4

   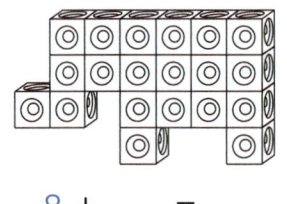   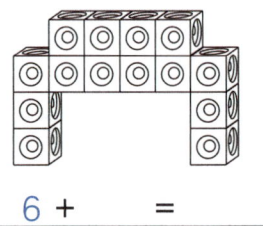

$7 +$ ___ $=$ ___ $8 +$ ___ $=$ ___ $6 +$ ___ $=$ ___

1 und **2** Mit Steckwürfeln bauen. Beschreiben. Additionsaufgaben schreiben.
3 Figuren nach Vorgabe bauen, blau und rot anmalen.
4 Additionsaufgaben ergänzen.

1

4 + 5

hat vier Nachbaraufgaben.

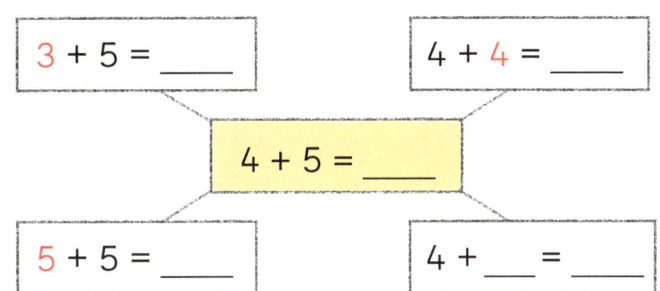

3 + 5 = _____   4 + 4 = _____

4 + 5 = _____

5 + 5 = _____   4 + ___ = _____

2

5 + 5 = _____   6 + 4 = _____   3 + 4 = _____   7 + 2 = _____
5 + 4 = _____   6 + 3 = _____   3 + 5 = _____   7 + 3 = _____

10 + 2 = _____   15 + 3 = _____   13 + 6 = _____   11 + 8 = _____
11 + 2 = _____   14 + 3 = _____   12 + 6 = _____   12 + 8 = _____

3

10 − 5 = _____   8 − 2 = _____   9 − 5 = _____   7 − 6 = _____
10 − 6 = _____   8 − 3 = _____   9 − 4 = _____   7 − 5 = _____

13 − 2 = _____   14 − 3 = _____   16 − 6 = _____   18 − 8 = _____
12 − 2 = _____   13 − 3 = _____   17 − 6 = _____   19 − 8 = _____

4 Rechne. Schreibe eine Nachbaraufgabe.

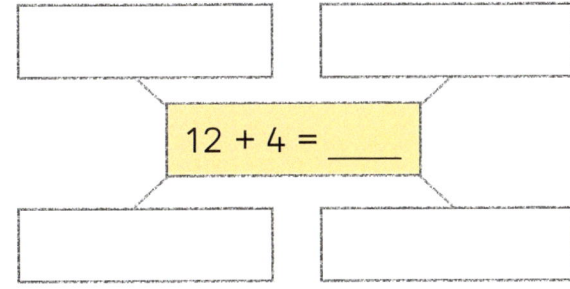

11 + 2 = _____   13 + 3 = _____   16 + 2 = _____   12 + 5 = _____
_____   _____   _____   _____

9 + 1 = _____   14 + 4 = _____   13 + 7 = _____   6 + 4 = _____
_____   _____   _____   _____

 5 Finde alle vier Nachbaraufgaben.

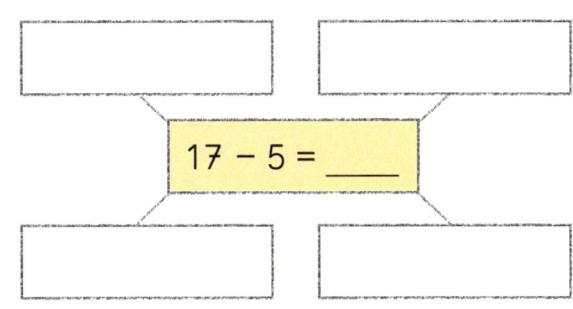

12 + 4 = _____   17 − 5 = _____

4 Jeweils 4 Möglichkeiten.

1 Wo ist der Frosch jeweils gelandet?

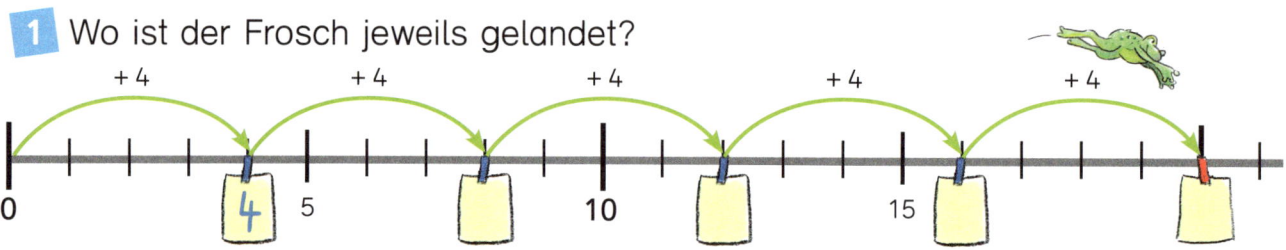

2

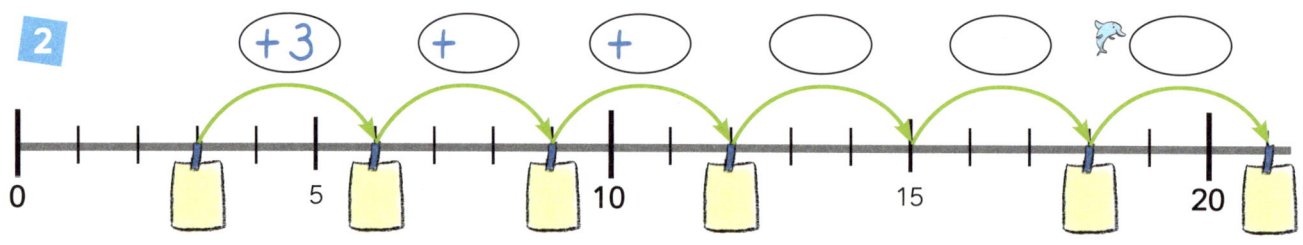

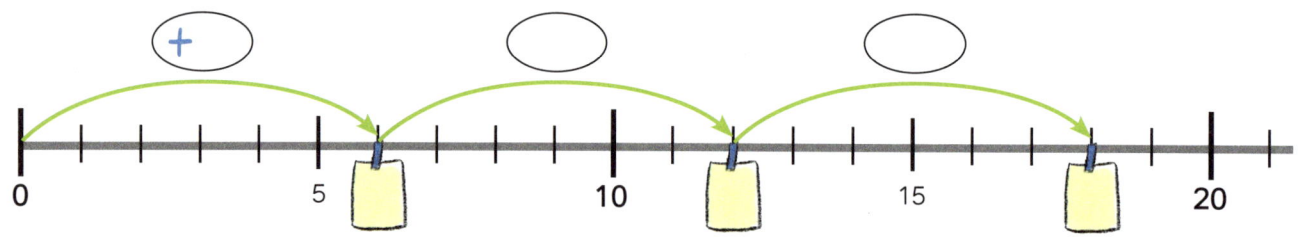

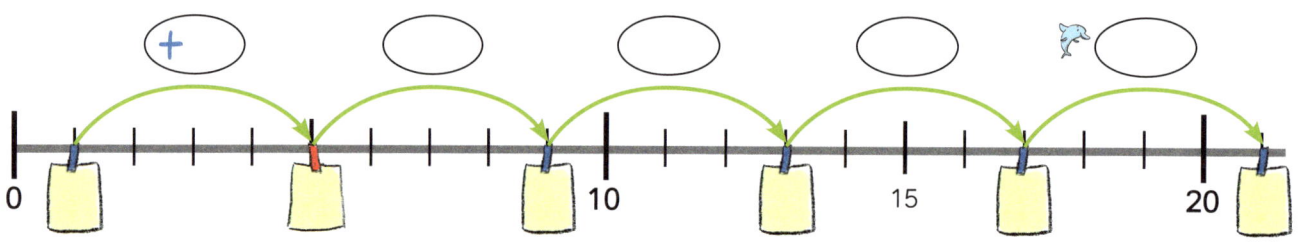

3

4 $\xrightarrow{+2}$ **6**	10 $\xrightarrow{+2}$ ___	3 $\xrightarrow{+3}$ ___	13 $\xrightarrow{+3}$ ___
8 $\xrightarrow{+2}$ ___	16 $\xrightarrow{+2}$ ___	4 $\xrightarrow{+3}$ ___	14 $\xrightarrow{+3}$ ___
12 $\xrightarrow{+2}$ ___	18 $\xrightarrow{+2}$ ___	7 $\xrightarrow{+3}$ ___	15 $\xrightarrow{+3}$ ___
15 $\xrightarrow{+2}$ ___	11 $\xrightarrow{+2}$ ___	0 $\xrightarrow{+3}$ ___	17 $\xrightarrow{+3}$ ___

4

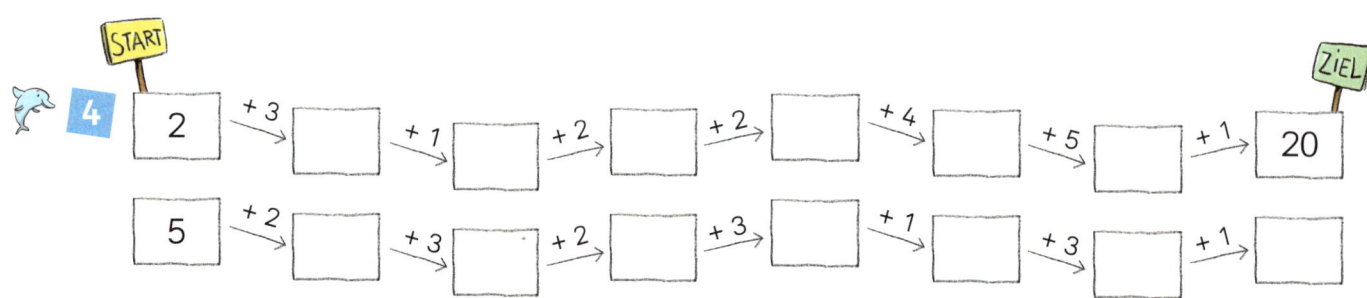

START

2 $\xrightarrow{+3}$ ☐ $\xrightarrow{+1}$ ☐ $\xrightarrow{+2}$ ☐ $\xrightarrow{+2}$ ☐ $\xrightarrow{+4}$ ☐ $\xrightarrow{+5}$ ☐ $\xrightarrow{+1}$ 20 ZIEL

5 $\xrightarrow{+2}$ ☐ $\xrightarrow{+3}$ ☐ $\xrightarrow{+2}$ ☐ $\xrightarrow{+3}$ ☐ $\xrightarrow{+1}$ ☐ $\xrightarrow{+3}$ ☐ $\xrightarrow{+1}$ ☐

2 Operatoren und Zielzahlen eintragen.
3 und **4** Evtl. am Zahlenstrahl orientieren.

1 Wo ist der Frosch jeweils gelandet?

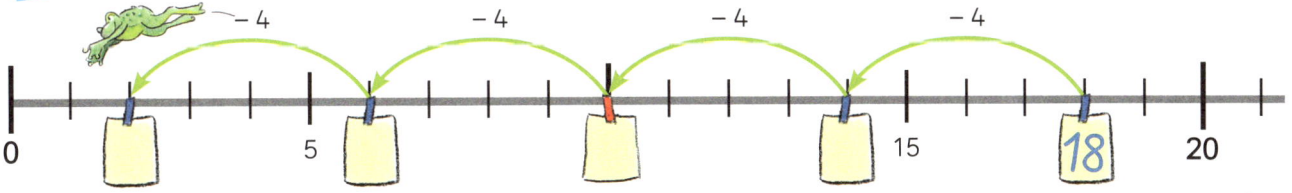

2

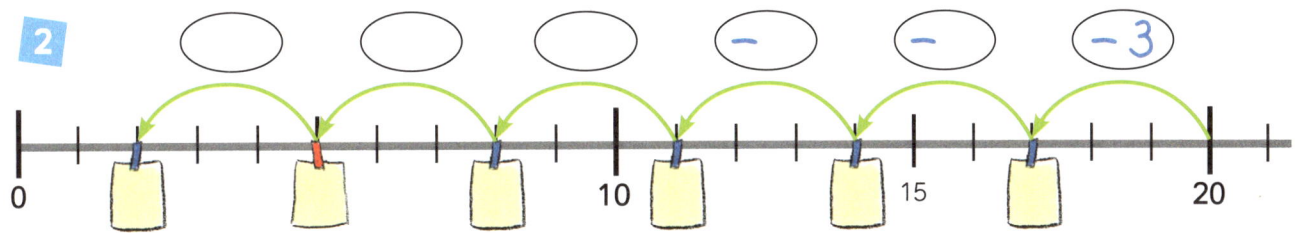

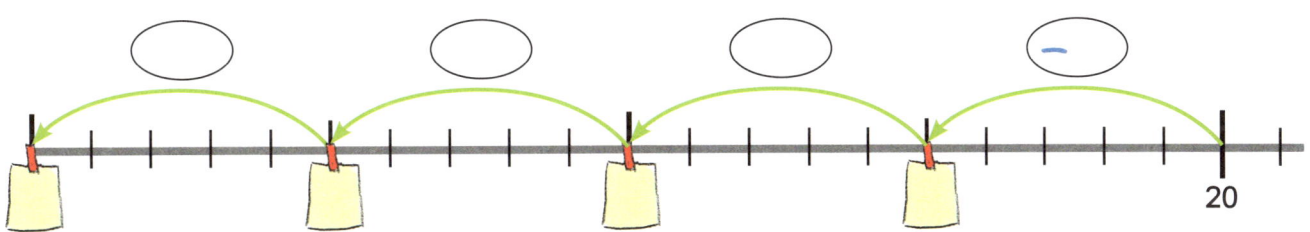

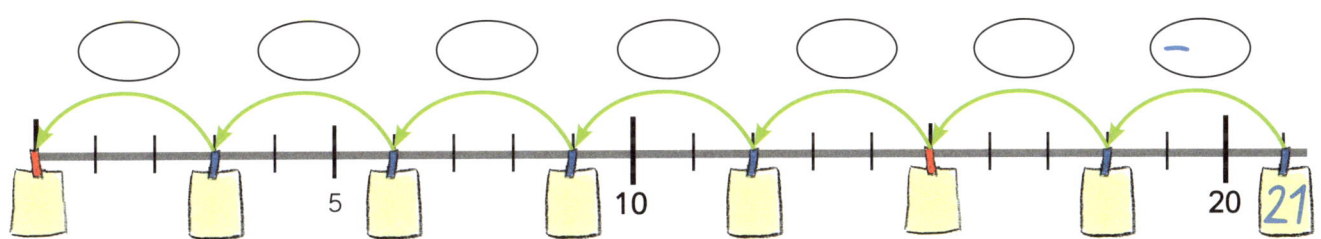

3

$9 \xrightarrow{-2} 7$	$20 \xrightarrow{-2} \underline{\quad}$	$7 \xrightarrow{-3} \underline{\quad}$	$20 \xrightarrow{-4} \underline{\quad}$
$10 \xrightarrow{-2} \underline{\quad}$	$16 \xrightarrow{-2} \underline{\quad}$	$8 \xrightarrow{-3} \underline{\quad}$	$18 \xrightarrow{-4} \underline{\quad}$
$7 \xrightarrow{-2} \underline{\quad}$	$19 \xrightarrow{-2} \underline{\quad}$	$3 \xrightarrow{-3} \underline{\quad}$	$14 \xrightarrow{-4} \underline{\quad}$
$8 \xrightarrow{-2} \underline{\quad}$	$18 \xrightarrow{-2} \underline{\quad}$	$9 \xrightarrow{-3} \underline{\quad}$	$17 \xrightarrow{-4} \underline{\quad}$

4

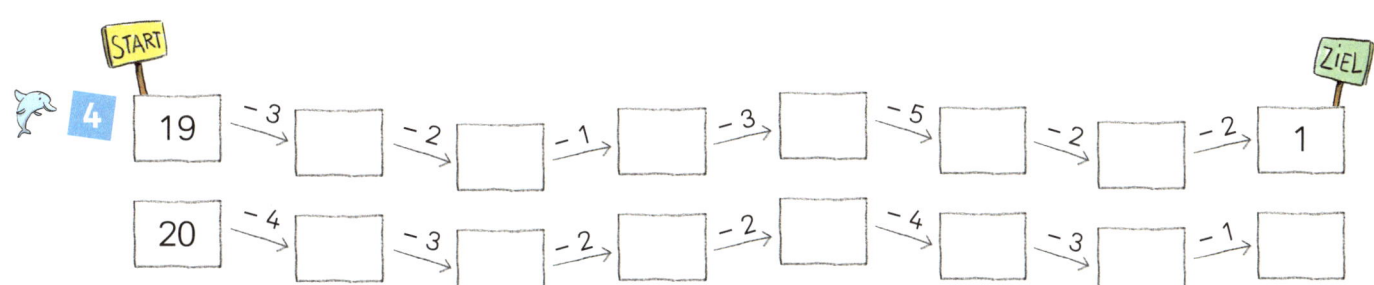

1 und 2 Rechts beginnen. Rückwärts zählen.
3 und 4 Evtl. am Zahlenstrahl orientieren.

1

$$5 \xrightarrow{+} 7$$

$4 \xrightarrow{+5} 9$		$0 \xrightarrow{+} 5$	
$5 \xrightarrow{+} 9$		$5 \xrightarrow{+} 10$	
$6 \xrightarrow{+} 9$		$10 \xrightarrow{+} 15$	
$7 \xrightarrow{+} 9$		$15 \xrightarrow{+} 20$	

2

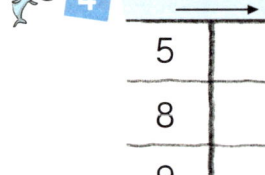

$4 \xrightarrow{+3} 7$	$15 \longrightarrow 17$	$6 \longrightarrow 10$	🐬 $6 \longrightarrow 11$
$5 \longrightarrow 8$	$16 \longrightarrow 18$	$4 \longrightarrow 8$	$7 \longrightarrow 12$
$6 \longrightarrow 9$	$17 \longrightarrow 19$	$2 \longrightarrow 6$	$8 \longrightarrow 13$
$7 \longrightarrow 10$	$18 \longrightarrow 20$	$0 \longrightarrow 4$	$9 \longrightarrow 14$

Immer + 3

3

+ 3 →		+ 2 →		+ 4 →		+ 3 →		+ 4 →	
1	4	4		16		2			
4		6		14		3			
7		8		10		13			
10		10		0		17			

4

🐬

+ 4 →		+ 5 →		+ 6 →		+ 4 →		+ 7 →	
5		7		6		8	12		10
8		0		5			10		11
9		6		7			11		13
6		8		9			13		12
7		9		0			14		15

5

_____ _____

1 und **2** Den Operator einsetzen (ergänzen).
2, **3** und **4** Päckchen mit immer gleichem Operator können auch als Rechentabelle geschrieben werden.
3 Letzte Aufgabe offen. **5** Die Rechnung mit Pfeil oder als gewohnte Gleichung schreiben.

1

$$9 \xrightarrow{\ -5\ } 7$$

$9 \xrightarrow{-5} 4$	$20 \xrightarrow{-} 15$
$9 \xrightarrow{-} 5$	$15 \xrightarrow{-} 10$
$9 \xrightarrow{-} 6$	$10 \xrightarrow{-} 5$
$9 \xrightarrow{-} 7$	$5 \xrightarrow{-} 0$

2

$12 \xrightarrow{-3} 9$	$10 \rightarrow 8$	$10 \rightarrow 6$	$16 \rightarrow 10$
$9 \rightarrow 6$	$8 \rightarrow 6$	$9 \rightarrow 5$	$15 \rightarrow 9$
$6 \rightarrow 3$	$6 \rightarrow 4$	$8 \rightarrow 4$	$14 \rightarrow 8$
$3 \rightarrow 0$	$4 \rightarrow 2$	$7 \rightarrow 3$	$13 \rightarrow 7$

Immer − 3

3

− 3 →		− 2 →		− 4 →		− 3 →		− 4 →
10	7	9		6		20		15
5		2		5		16		19
7		5		4		13		16
8		7		10		19		20

4

− 4 →		− 5 →		− 6 →		− 4 →		− 7 →
10		14		15		12	8		7
12		12		12			6		4
11		13		14			7		6
13		11		11			5		8
14		15		13			9		5

5

_____

_____

2 Gleichsinnig verändert. Daher immer der gleiche Operator.

Kühe

Pferde

Schafe
7 –

Kinder

Wie viele?

Säcke

Spaten	II	2
Küken		
Kohlköpfe		
Katzen		

Hühner

Spatzen

Enten

Partnerarbeit: Rechengeschichten erzählen.
Zu manchen Geschichten passen Additions- und Subtraktionsaufgaben.

1

_____   _____

2

_____   _____   _____

_____   _____   _____

_____   _____   _____

Partnerarbeit: Rechengeschichten erzählen.
Additions- oder Subtraktionsaufgaben schreiben.

Welche Aufgabe passt zum Bild? Kreuze an.

 1

- ○ 6 − 3 = ____
- ○ 6 + 3 = ____
- ○ 9 − 4 = ____

- ○ 4 − 3 = ____
- ○ 7 + 3 = ____
- ○ 7 − 3 = ____

 2

- ○ 8 − 4 = ____
- ○ 4 + 3 = ____
- ○ 4 − 4 = ____

- ○ 9 − 6 = ____
- ○ 6 + 4 = ____
- ○ 6 − 4 = ____

 3

- ○ 15 + 2 = ____
- ○ 13 − 2 = ____
- ○ 15 − 2 = ____

- ○ 11 + 4 = ____
- ○ 15 − 4 = ____
- ○ 11 − 4 = ____

 4

- ○ 12 + 4 = ____
- ○ 16 + 4 = ____
- ○ 12 − 4 = ____

- ○ 12 − 5 = ____
- ○ 12 − 4 = ____
- ○ 17 − 5 = ____

 5

- ○ 6 − 5 = ____
- ○ 11 + 5 = ____
- ○ 5 + 6 = ____

- ○ 7 − 6 = ____
- ○ 13 − 6 = ____
- ○ 13 + 7 = ____

Partnerarbeit: Rechengeschichten erzählen. Passende Aufgabe ankreuzen und ausrechnen.

Welches Bild passt zur Aufgabe? Kreuze an.

1 9 − 6 = ____

◯    ◯    ◯

2 4 + 3 = ____

◯    ◯    ◯

3 10 − 3 = ____

◯    ◯    ◯

4 Male und rechne.

6 + 2 = ____

7 − 4 = ____

1 bis **3** Zu einer Aufgabe die passende Rechengeschichte auswählen. Ausrechnen.
4 Zu einer vorgegebenen Aufgabe eine passende Rechengeschichte malen.

1 Welcher Stein passt?

9 · 16 · 4 5 · 12 4

Abbildung: 9, 7, 2

2

2 · 1 1   2 2   3 3   4 4   5 5   10 10

3

10 7 · 5 5 2   6 4 2   7 3 2   8 2 2

8 1 9   7 2 8   5 5 5   6 4 5

4 Rechenkonferenz

2 1 3   1 2 3   2 3 1   Was fällt dir auf?

5 Probiere mit den Zahlen 0, 2, 4.

0 2 4   2 4

6

1 3 3 1   3 1 3 1   3 1 1 3

Die Summe zweier Zahlen steht im Stein darüber.
4 bis 6 Besprechen, warum gleiche Basiszahlen zu unterschiedlichen Ergebnissen im obersten Stein führen können.
Diff.: Mit den restlichen Anordnungen der Basiszahlen 1, 2, 3 rechnen. Evtl Kopiervorlage nutzen.

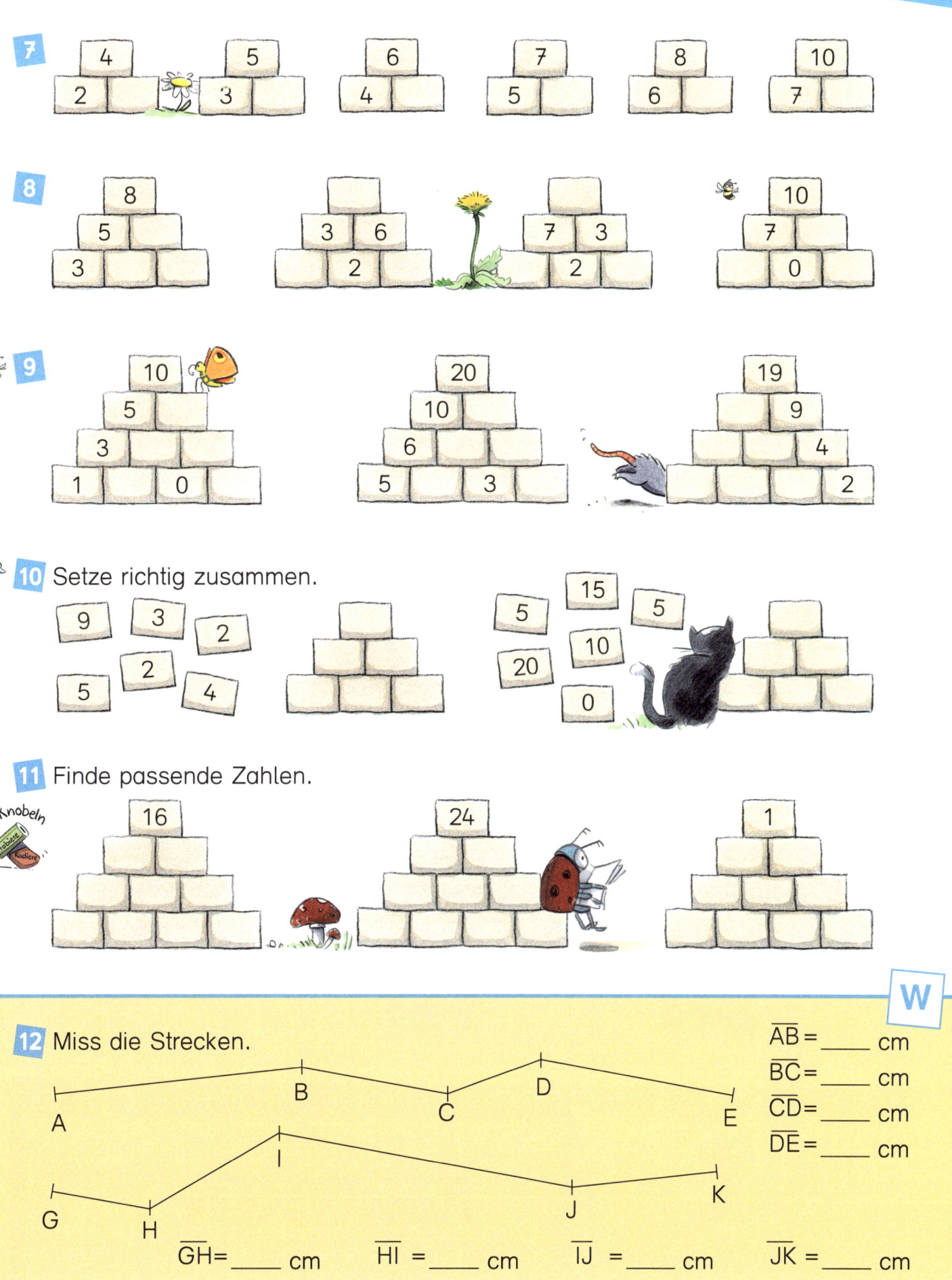

7

4		5		6		7		8		10
2		3		4		5		6		7

8

9

10 Setze richtig zusammen.

11 Finde passende Zahlen.

zum Knobeln · Probiere · Radiere

W

12 Miss die Strecken.

$\overline{AB}$ = _____ cm
$\overline{BC}$ = _____ cm
$\overline{CD}$ = _____ cm
$\overline{DE}$ = _____ cm

$\overline{GH}$ = _____ cm $\overline{HI}$ = _____ cm $\overline{IJ}$ = _____ cm $\overline{JK}$ = _____ cm

7 bis 9 Vervollständigen durch Ergänzen oder Addieren oder Subtrahieren.
11 Mehrere Möglichkeiten.

1

2 Verdoppele mit dem Spiegel.

$4 + 4 =$ _____

_____

_____

_____

_____

_____

_____

_____

_____

3

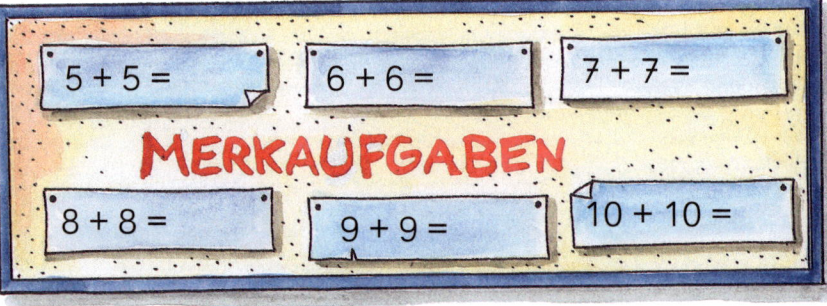

$5 + 5 =$ $6 + 6 =$ $7 + 7 =$

MERKAUFGABEN

$8 + 8 =$ $9 + 9 =$ $10 + 10 =$

Verdopplungsaufgaben rechnen. **2** Spiegelbilder zeichnen.

1

A $7 + 7 =$ ___

B $6 +$ ___ $=$ ___

C ___ $+$ ___ $=$ ___

D ___ $+$ ___ $=$ ___

E ___ $+$ ___ $=$ ___

F ___ $+$ ___ $=$ ___

G ___ $+$ ___ $=$ ___

H ___ $+$ ___ $=$ ___

I ___ $+$ ___ $=$ ___

2

 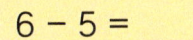

verdoppele →	
2	4
5	
9	
7	

verdoppele →	
1	
4	
6	
3	

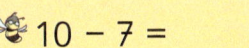

verdoppele →	
4	8
	12
	6
	20

verdoppele →	
	18
	2
	16
	4

W

3

$6 - 5 =$ ___	$8 - 6 =$ ___	$7 - 2 =$ ___	$10 - 7 =$ ___	$16 - 2 =$ ___
$6 - 4 =$ ___	$8 - 5 =$ ___	$7 - 3 =$ ___	$10 - 6 =$ ___	$16 - 3 =$ ___
$6 - 3 =$ ___	$8 - 3 =$ ___	$7 - 4 =$ ___	$10 - 5 =$ ___	$16 - 4 =$ ___
$6 - 2 =$ ___	$8 - 4 =$ ___	$7 - 5 =$ ___	$10 - 8 =$ ___	$16 - 5 =$ ___

1 Verdoppeln. Mit dem Spiegel kontrollieren.
Jahrgangsübergreifendes Arbeiten, vgl. Denken und Rechnen 2, S. 108 und 109.

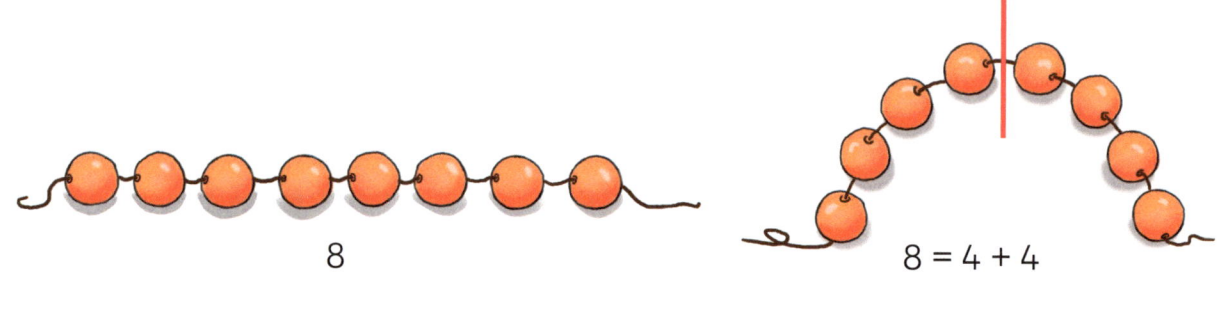

8

8 = 4 + 4

1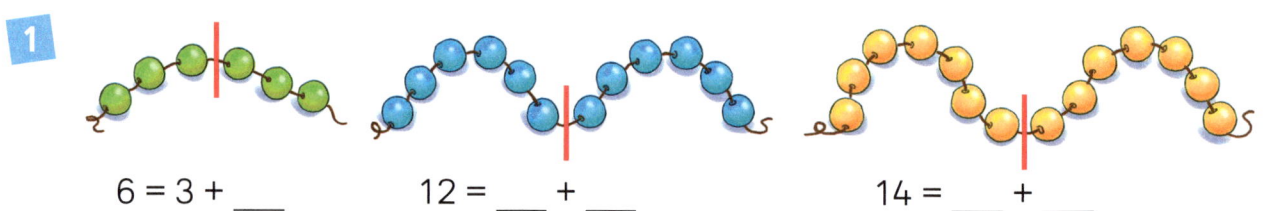

6 = 3 + ___   12 = ___ + ___   14 = ___ + ___

2 Halbiere.

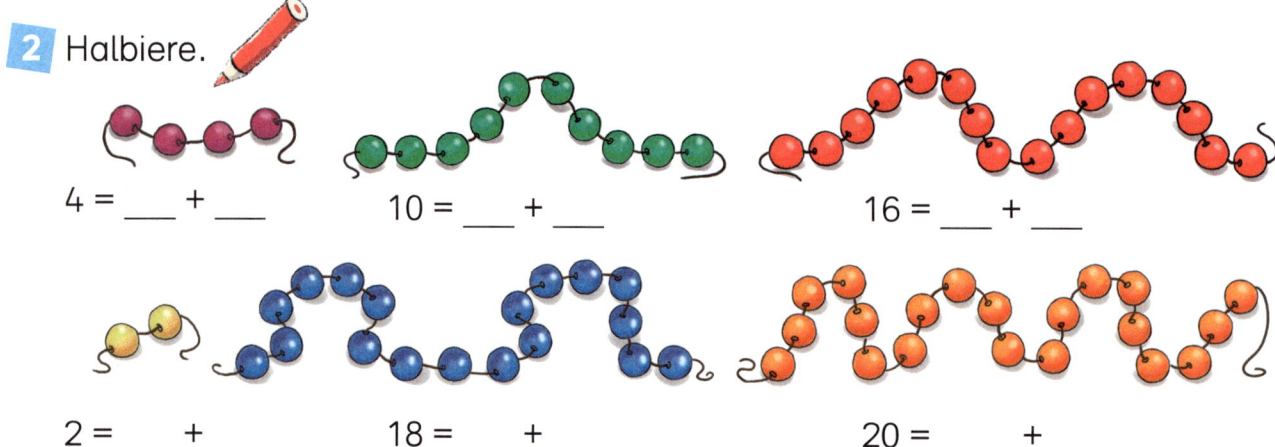

4 = ___ + ___   10 = ___ + ___   16 = ___ + ___

2 = ___ + ___   18 = ___ + ___   20 = ____ + ____

3 Immer 2 Mannschaften.

8 = ___ + ___   10 = ___ + ___

14 = ___ + ___   12 = ___ + ___

1

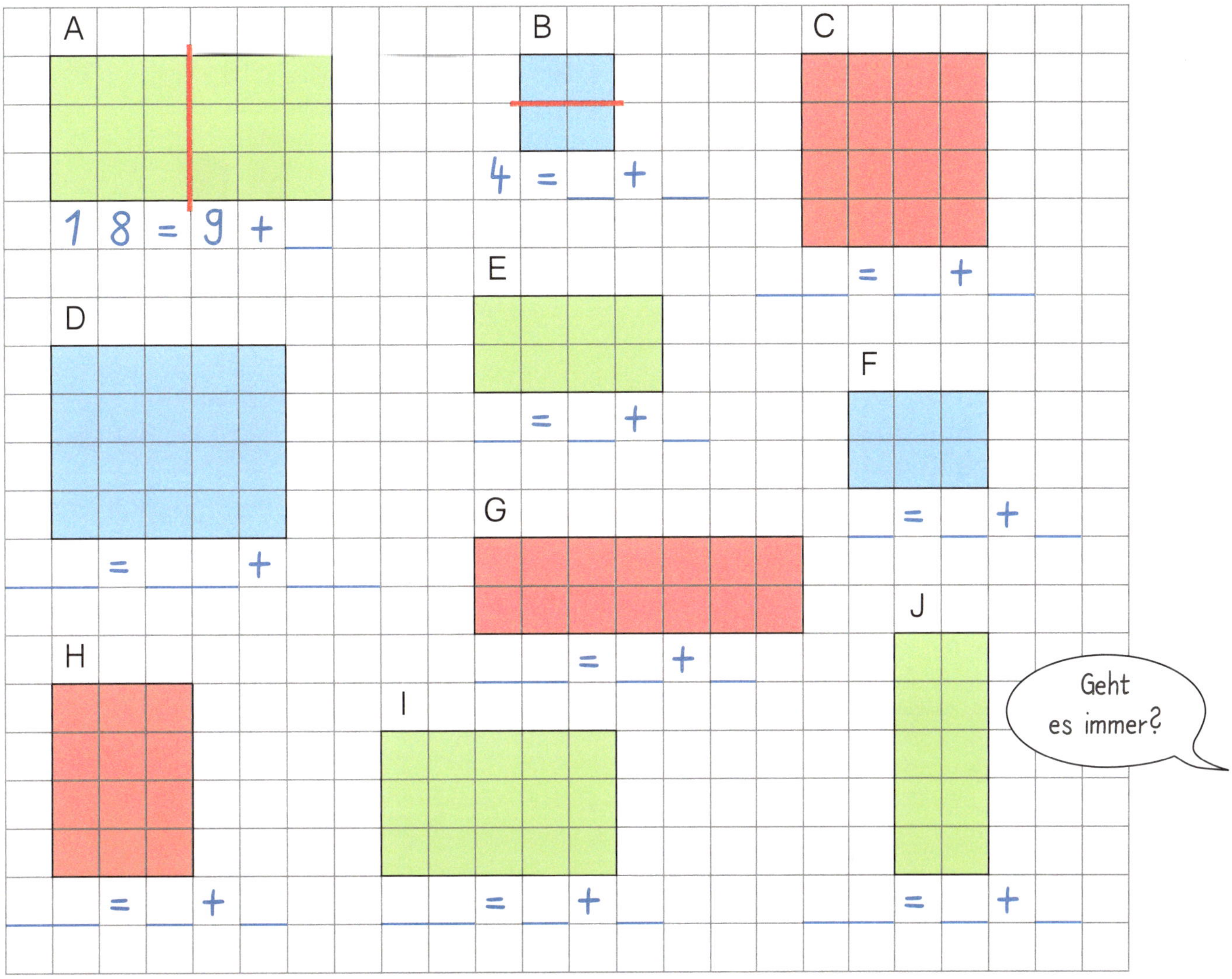

A

1 8 = 9 + ___

B

4 = ___ + ___

C

___ = ___ + ___

D

___ = ___ + ___

E

___ = ___ + ___

F

___ = ___ + ___

G

___ = ___ + ___

H

___ = ___ + ___

I

___ = ___ + ___

J

___ = ___ + ___

Geht es immer?

2

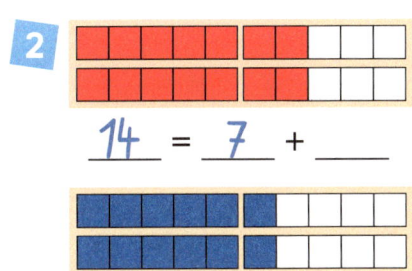

14 = 7 + ___

18 = ___ + ___

___ = ___ + ___

___ = ___ + ___

___ = ___ + ___

___ = ___ + ___

3

halbiere	
4	2
6	
8	
10	

halbiere	
12	
14	
16	
18	

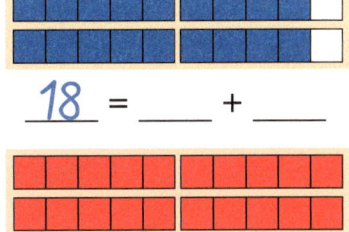

halbiere	
20	10
	4
	7
	1

halbiere	
	8
	9
	3
	6

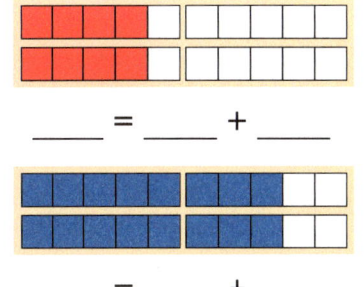

1 Halbieren. Mit dem Spiegel kontrollieren.
Die Spiegelachse kann senkrecht oder waagerecht eingezeichnet werden.
2 Steckwürfel oder anderes Material benutzen.

1 Welche Zahlen kann ich halbieren?

Forschungsauftrag

~~12~~ | 11 | 9 | 8 | 14 | 3 | 10 | 5 | 18 | 6 | 15 | 7

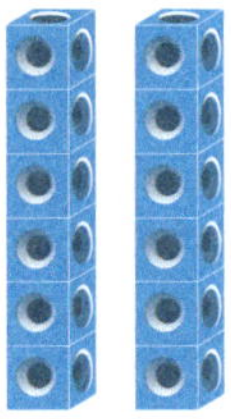

12 = 6 + 6

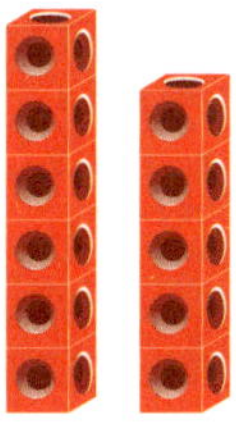

11 = 6 + 5

Gerade Zahlen kann ich halbieren:
12, ____

Ungerade Zahlen kann ich nicht halbieren:
11, ____

2 Trage ein: Gerade Zahlen blau, ungerade Zahlen rot.

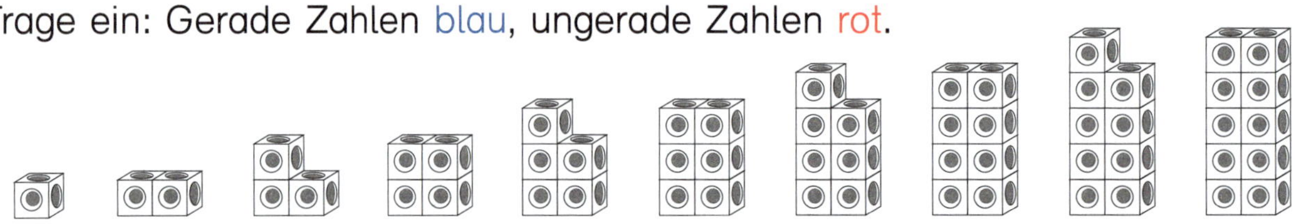

1 ___ 2 ___ 3 ___ ___ ___ ___ ___ ___ ___ ___

Was fällt dir auf?

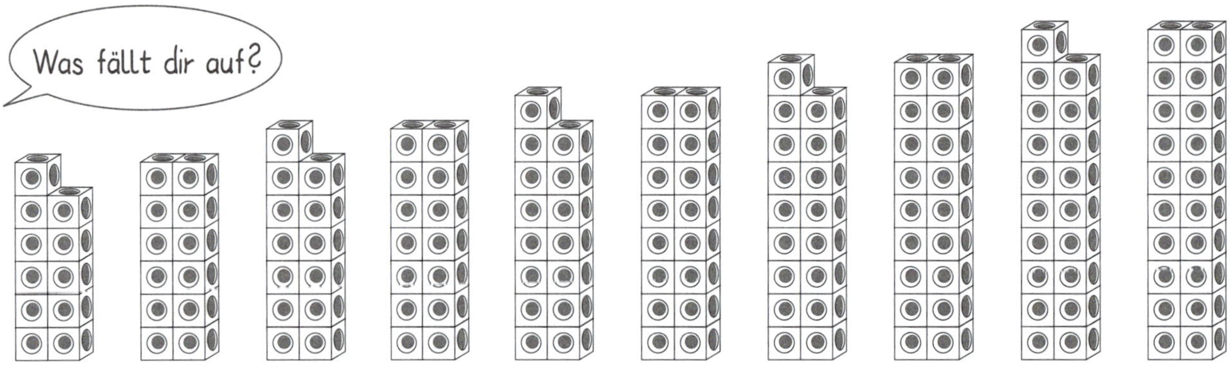

___ ___ ___ ___ ___ ___ ___ ___ ___ ___

3 Erzählen.

1, 3, ____
ungerade Hausnummern

2, ____
gerade Hausnummern

Erkunde die Hausnummern in deiner Straße.

1 Steckwürfel oder anderes Material legen. Gerade Zahlen blau und ungerade Zahlen rot schreiben.
2 Steckwürfel entsprechend blau oder rot anmalen. Entdecken: Gerade und ungerade Zahlen wechseln sich ab.
3 Über gerade und ungerade Hausnummern sprechen und sie zuordnen.

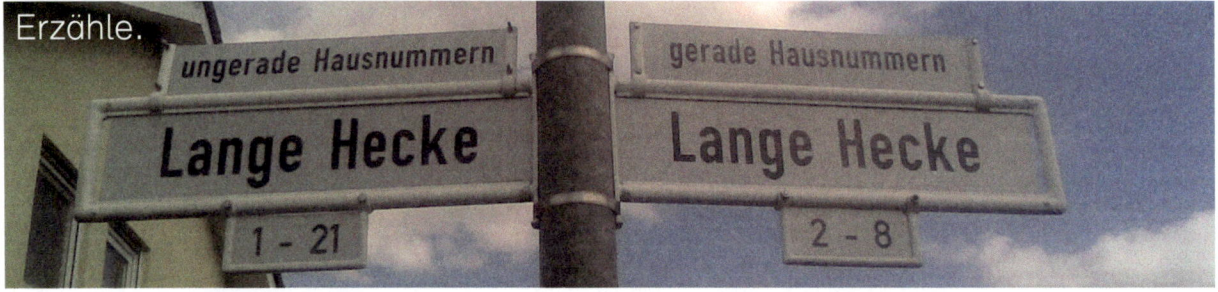

1  Wie viele Personen dürfen noch mitfahren?

____ Personen.

2 6 + ___ = 10   4 + ___ = 10   7 + ___ = 10   **3** 10 − 4 = ___   10 − 3 = ___

8 + ___ = 10   3 + ___ = 10   9 + ___ = 10   10 − 8 = ___   10 − 6 = ___

4 10 + 4 = ___   10 + 0 = ___   10 + ___ = 18   10 + ___ = ___

10 + 7 = ___   10 + 5 = ___   10 + ___ = 12   10 + ___ = ___

10 + 9 = ___   10 + 3 = ___   10 + ___ = 16   10 + ___ = ___

5

| 2 | 3 | 7 | | 8 | 2 | 3 | | 2 | 5 | 5 | | 2 | 4 | 6 |

	10				10				10				10	
	3				2				9				2	
1				1					8				0	

	17				19				16				18	
7				9				6				8		
1				4					3				0	

6

10		
5	+	
4	+	
3	+	
6	+	
8	+	
7	+	

20		
12	+	
17	+	
19	+	
18	+	
16	+	
15	+	

10				
5	+	4	+	
5	+	3	+	
3	+	3	+	
3	+	4	+	
6	+	3	+	
6	+	2	+	

Voraussetzungen für das Addieren mit Zehnerübergang sichern.
1 Im Kopf rechnen. Ergebniszahl eintragen.

1

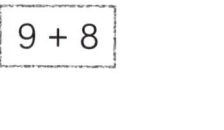

9 + 8

 So kannst du auch rechnen:

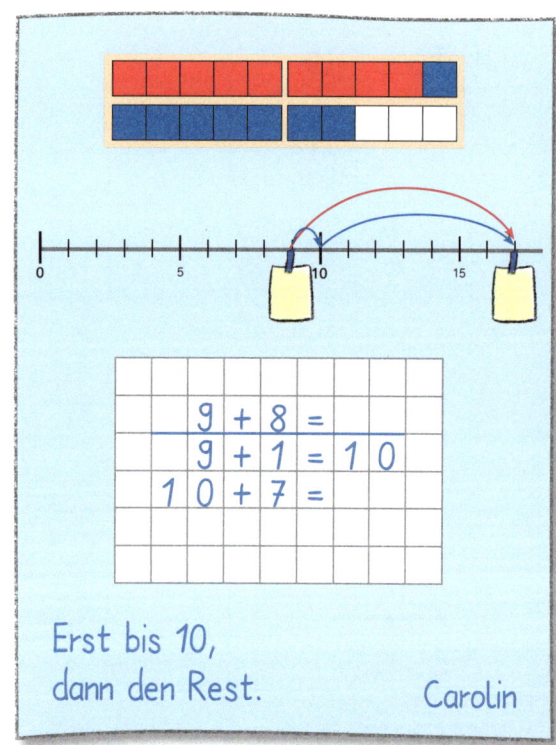

9 + 8 =
9 + 1 = 1 0
1 0+ 7 =

Erst bis 10,
dann den Rest.   Carolin

Übungen dazu auf den Seiten 109 und 110.

9 + 8 =
8 + 8 =
9 + 8 =

Erst verdoppeln,
dann die Nachbaraufgabe.   Ben

Übungen dazu auf Seite 107.

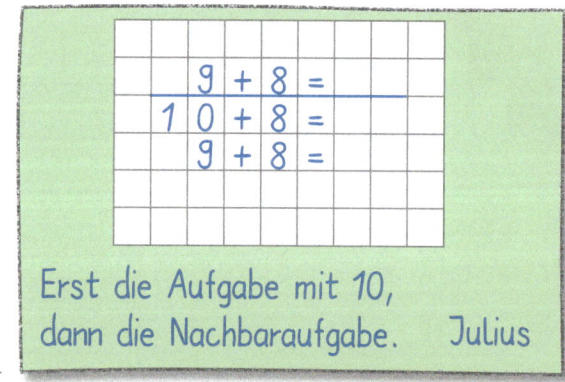

9 + 8 =
1 0+ 8 =
9 + 8 =

Erst die Aufgabe mit 10,
dann die Nachbaraufgabe.   Julius

Übungen dazu auf Seite 108.

W

2 Verdoppele.

8 + 8 =____   4 + 4 =____   10 + 10 =____   🐝 9 + 9 =____   🐝 5 + 5 =____

7 + 7 =____   3 + 3 =____   6 + 6 =____   1 + 1 =____   2 + 2 =____

3 Halbiere.

12 = 6 +___   9 =___+___   4 =___+___   🐝 16 =___+___   🐝 20 =___+___

14 =___+___   6 =___+___   2 =___+___   18 =___+___   10 =___+___

1 Einen eigenen Rechenweg mit oder ohne Material entwickeln.
Rechenwege vergleichen, auch mit dem eigenen.
Carolins Rechenweg mit den Anschauungen in Verbindung bringen.

1 7 + 8

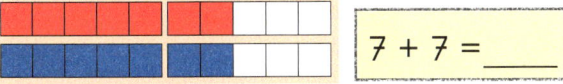

7 + 7 = ____

__ + __ = ____

7 + 8 = ____

7 + 8 = ____

Vergleiche. Rechne.

2 Verbinde mit der passenden Verdoppelungsaufgabe.

8 + 9 = ____

7 + 6 = ____

5 + 6 = ____

8 + 8 = ____

5 + 5 = ____

7 + 7 = ____

3 6 + 5 = ____

9 + 8 = ____

7 + 8 = ____

9 + 9 = ____

6 + 6 = ____

7 + 7 = ____

4 Finde zuerst eine passende Verdoppelungsaufgabe.

__6__ + __6__ = ____
6 + 7 = ____

___ + ___ = ____
8 + 9 = ____

___ + ___ = ____
5 + 6 = ____

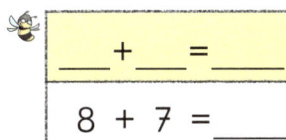
___ + ___ = ____
8 + 7 = ____

___ + ___ = ____
6 + 5 = ____

___ + ___ = ____
7 + 8 = ____

___ + ___ = ____
7 + 6 = ____

___ + ___ = ____
9 + 8 = ____

5
6 + 5 = ____	5 + 4 = ____	7 + 6 = ____	8 + 7 = ____	9 + 8 = ____
6 + 6 = ____	5 + 5 = ____	7 + 7 = ____	8 + 8 = ____	9 + 9 = ____
6 + 7 = ____	5 + 6 = ____	7 + 8 = ____	8 + 9 = ____	9 + 10 = ____

Mit Hilfe von Verdoppelungsaufgaben rechnen. Nachbaraufgaben weichen in einem Summanden und im Ergebnis um 1 ab.
2 bis **5** Diff.: Zu Aufgabe und Nachbaraufgabe legen und vergleichen. **4** Je zwei Möglichkeiten.

1 $4 + 9$

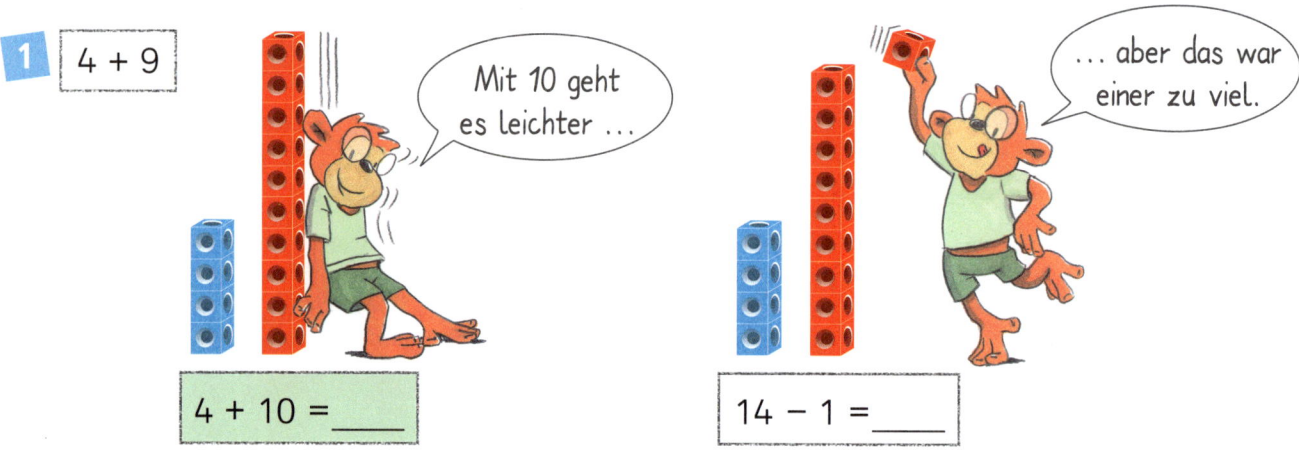

Mit 10 geht es leichter ...

... aber das war einer zu viel.

$4 + 10 = \underline{\hspace{1cm}}$

$14 - 1 = \underline{\hspace{1cm}}$

2 Finde die passende Aufgabe mit 10.

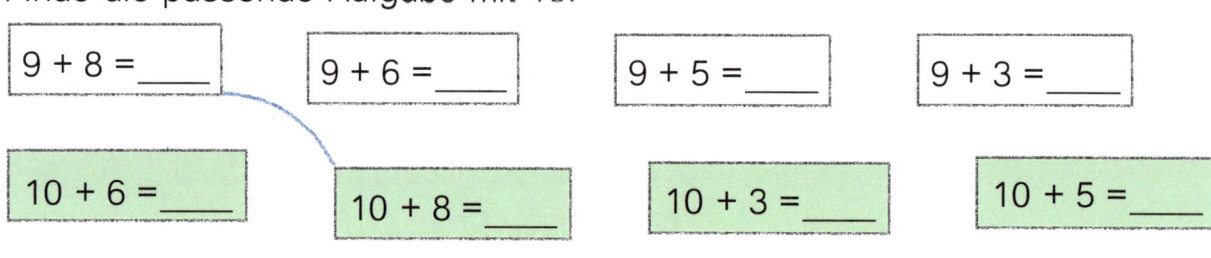

$9 + 8 = \underline{\hspace{1cm}}$ $9 + 6 = \underline{\hspace{1cm}}$ $9 + 5 = \underline{\hspace{1cm}}$ $9 + 3 = \underline{\hspace{1cm}}$

$10 + 6 = \underline{\hspace{1cm}}$ $10 + 8 = \underline{\hspace{1cm}}$ $10 + 3 = \underline{\hspace{1cm}}$ $10 + 5 = \underline{\hspace{1cm}}$

3 Rechne zuerst die passende Aufgabe mit 10.

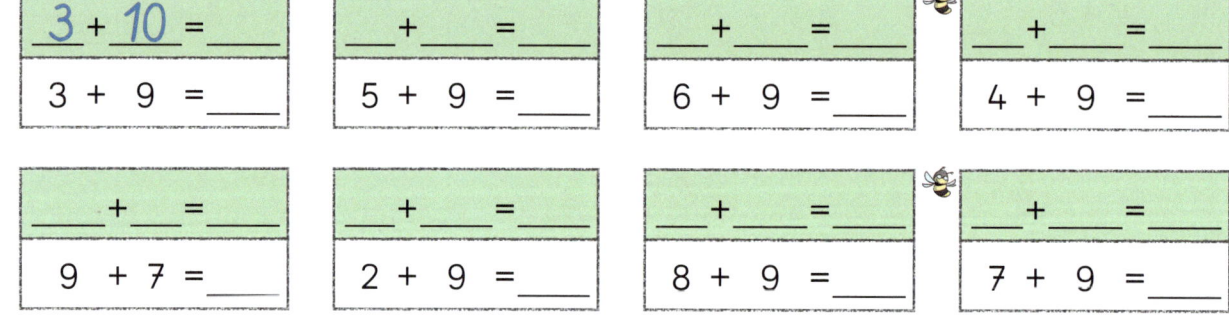

$\underline{3} + \underline{10} = \underline{\hspace{1cm}}$ $\underline{\hspace{0.7cm}} + \underline{\hspace{0.7cm}} = \underline{\hspace{0.7cm}}$ $\underline{\hspace{0.7cm}} + \underline{\hspace{0.7cm}} = \underline{\hspace{0.7cm}}$ $\underline{\hspace{0.7cm}} + \underline{\hspace{0.7cm}} = \underline{\hspace{0.7cm}}$

$3 + 9 = \underline{\hspace{1cm}}$ $5 + 9 = \underline{\hspace{1cm}}$ $6 + 9 = \underline{\hspace{1cm}}$ $4 + 9 = \underline{\hspace{1cm}}$

$\underline{\hspace{0.7cm}} + \underline{\hspace{0.7cm}} = \underline{\hspace{0.7cm}}$ $\underline{\hspace{0.7cm}} + \underline{\hspace{0.7cm}} = \underline{\hspace{0.7cm}}$ $\underline{\hspace{0.7cm}} + \underline{\hspace{0.7cm}} = \underline{\hspace{0.7cm}}$ $\underline{\hspace{0.7cm}} + \underline{\hspace{0.7cm}} = \underline{\hspace{0.7cm}}$

$9 + 7 = \underline{\hspace{1cm}}$ $2 + 9 = \underline{\hspace{1cm}}$ $8 + 9 = \underline{\hspace{1cm}}$ $7 + 9 = \underline{\hspace{1cm}}$

4

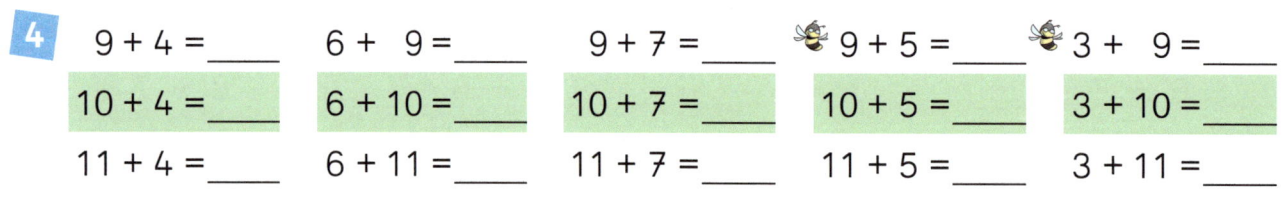

$9 + 4 = \underline{\hspace{1cm}}$ $6 + 9 = \underline{\hspace{1cm}}$ $9 + 7 = \underline{\hspace{1cm}}$ $9 + 5 = \underline{\hspace{1cm}}$ $3 + 9 = \underline{\hspace{1cm}}$

$10 + 4 = \underline{\hspace{1cm}}$ $6 + 10 = \underline{\hspace{1cm}}$ $10 + 7 = \underline{\hspace{1cm}}$ $10 + 5 = \underline{\hspace{1cm}}$ $3 + 10 = \underline{\hspace{1cm}}$

$11 + 4 = \underline{\hspace{1cm}}$ $6 + 11 = \underline{\hspace{1cm}}$ $11 + 7 = \underline{\hspace{1cm}}$ $11 + 5 = \underline{\hspace{1cm}}$ $3 + 11 = \underline{\hspace{1cm}}$

W

5

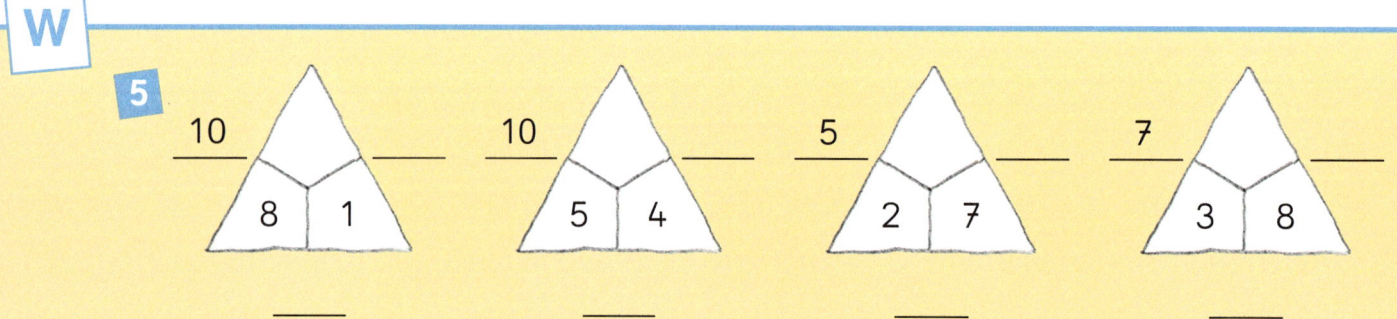

10 ____ | 8 | 1 | ____

10 ____ | 5 | 4 | ____

5 ____ | 2 | 7 | ____

7 ____ | 3 | 8 | ____

____   ____   ____   ____

1 Rechenstrategie „Hilfsaufgabe mit 10" entdecken: statt +9 erst +10 und dann −1 rechnen.
2 bis **4** Diff.: Zu Aufgabe und Nachbaraufgabe legen und vergleichen.

1

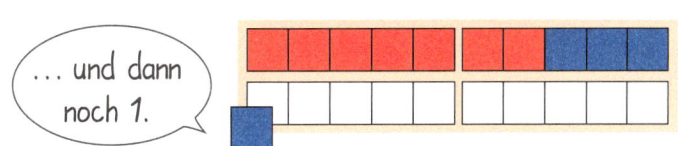

... und dann noch 1.

Bis 10 sind es 3 ...

$7 + 4 =$ _____

$7 + 3 =$ **10**

10 $+ 1 = 11$

2

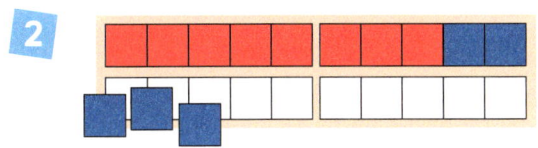

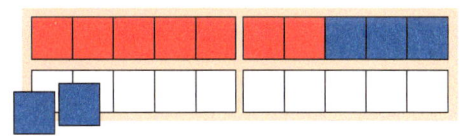

$8 + 5 =$ _____

$8 +$ ___ $=$ **10**

10 $+$ ___ $=$ _____

$7 + 5 =$ _____

$7 +$ ___ $=$ **10**

10 $+$ ___ $=$ _____

3

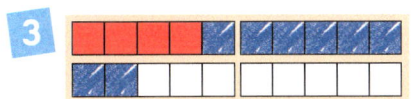

$4 + 8 =$ _____

$4 +$ ___ $= 10$

10 $+$ ___ $=$ _____

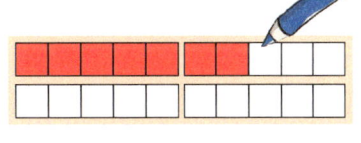

$7 + 8 =$ _____

$7 +$ ___ $= 10$

10 $+$ ___ $=$ _____

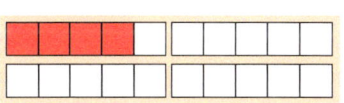

$4 + 7 =$ _____

$4 +$ ___ $= 10$

10 $+$ ___ $=$ _____

$5 + 7 =$ _____

$5 +$ ___ $= 10$

___ $+$ ___ $=$ _____

$3 + 8 =$ _____

$3 +$ ___ $= 10$

___ $+$ ___ $=$ _____

$6 + 8 =$ _____

$6 +$ ___ $= 10$

___ $+$ ___ $=$ _____

4

$8 + 6 =$ _____

$8 +$ *2* $=$ *10*

10 $+$ *4* $=$ _____

$6 + 5 =$ _____

$6 +$ ___ $=$ _____

___ $+$ ___ $=$ _____

$9 + 4 =$ _____

$9 +$ ___ $=$ _____

___ $+$ ___ $=$ _____

$8 + 3 =$ _____

$8 +$ ___ $=$ _____

___ $+$ ___ $=$ _____

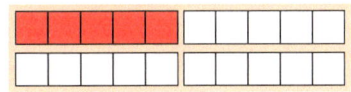 $8 + 4 =$ _____

$8 +$ ___ $=$ _____

___ $+$ ___ $=$ _____

$5 + 8 =$ _____

$5 +$ ___ $=$ _____

___ $+$ ___ $=$ _____

$9 + 6 =$ _____

$9 +$ ___ $=$ _____

___ $+$ ___ $=$ _____

$9 + 8 =$ _____

$9 +$ ___ $=$ _____

___ $+$ ___ $=$ _____

Immer erst bis 10, dann den Rest des zweiten Summanden dazu.

1

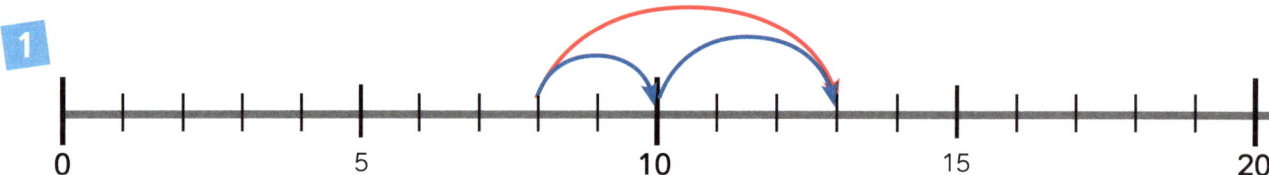

$$8 + 5 =$$ _____

$$8 + \underline{2} = \mathbf{10}$$

$$\mathbf{10} + \underline{3} =$$ _____

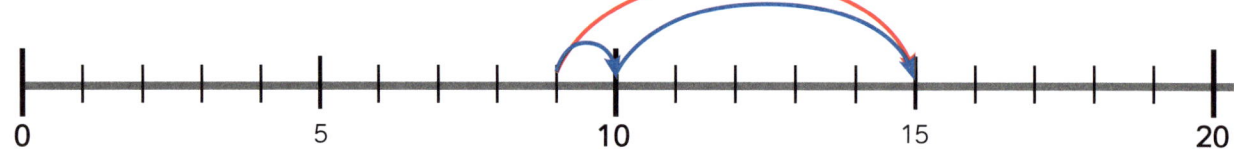

$$9 + 6 =$$ _____

$$9 + \underline{} = \mathbf{10}$$

$$\mathbf{10} + \underline{} =$$ _____

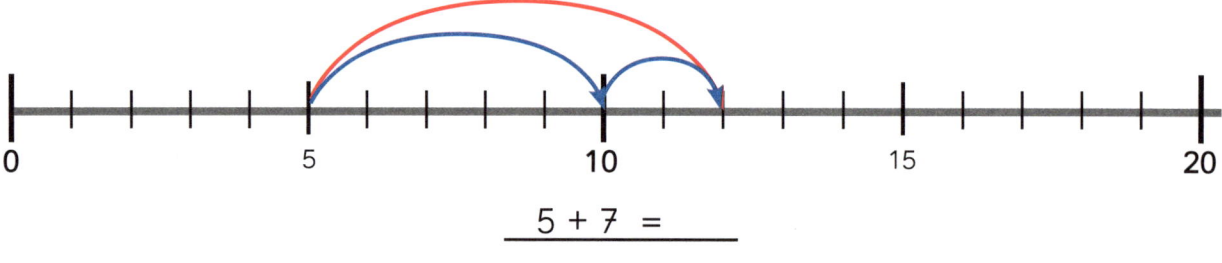

$$5 + 7 =$$ _____

$$5 + \underline{} = \mathbf{10}$$

$$\mathbf{10} + \underline{} =$$ _____

2

$6 + 7 =$ _____	$5 + 6 =$ _____	$8 + 7 =$ _____	$5 + 9 =$ _____
$6 + \underline{} = \mathbf{10}$	$5 + \underline{} = \mathbf{10}$	$8 + \underline{} = \mathbf{10}$	$5 + \underline{} = \mathbf{10}$
$\underline{10} + \underline{} =$ ____	$\underline{10} + \underline{} =$ ____	$\underline{10} + \underline{} =$ ____	$\underline{10} + \underline{} =$ ____

🐝 $8 + 9 =$ _____	🐝 $9 + 4 =$ _____	🐝 $4 + 7 =$ _____	🐝 $7 + 5 =$ _____
$8 + \underline{} = \mathbf{10}$	$9 + \underline{} = \mathbf{10}$	$4 + \underline{} = \mathbf{10}$	$7 + \underline{} = \mathbf{10}$
____ $+$ ____ $=$ ____	____ $+$ ____ $=$ ____	____ $+$ ____ $=$ ____	____ $+$ ____ $=$ ____

3

$6 + 5 =$ ____	$9 + 5 =$ ____	$8 + 3 =$ ____	🐝 $4 + 8 =$ ____
$6 + 9 =$ ____	$9 + 7 =$ ____	$8 + 4 =$ ____	$4 + 6 =$ ____
$6 + 8 =$ ____	$9 + 8 =$ ____	$8 + 6 =$ ____	$4 + 9 =$ ____

Erst in einem Sprung bis 10, dann im zweiten Sprung den Rest.
3 Zahlenstrahl von Buchklappe nutzen.

1
9 + 6 = ___	4 + 9 = ___	9 + 8 = ___	🐝 9 + 3 = ___	🐝 7 + 9 = ___
10 + 6 = ___	4 + 10 = ___	10 + 8 = ___	10 + 3 = ___	7 + 10 = ___
11 + 6 = ___	4 + 11 = ___	11 + 8 = ___	11 + 3 = ___	7 + 11 = ___

2
8 + 9 = ___	6 + 7 = ___	6 + 5 = ___	🐝 7 + 8 = ___	🐝 7 + 6 = ___
9 + 9 = ___	7 + 7 = ___	5 + 5 = ___	8 + 8 = ___	6 + 6 = ___
10 + 9 = ___	8 + 7 = ___	4 + 5 = ___	9 + 8 = ___	5 + 6 = ___

3
8 + 4 = ___	5 + 8 = ___	7 + 4 = ___	🐝 6 + 5 = ___	🐝 6 + 9 = ___
7 + 6 = ___	9 + 7 = ___	6 + 7 = ___	9 + 3 = ___	9 + 4 = ___
6 + 8 = ___	8 + 8 = ___	3 + 8 = ___	7 + 5 = ___	8 + 7 = ___

4

2 Kinder kommen noch.

Morgen kommen 5 Neue.

_____   _____

5

6

1

Ein paar Kinder machen einen Ausflug in ein Tiergehege.

____ Kinder sind schon im Bus.

____ Kinder steigen nun auch ein.

Wie viele Kinder fahren mit?

_____

2

Die Gruppe besucht ein Tiergehege.
Bilde Aufgaben und rechne.

3

Aufgaben zum Nachdenken und Probieren.

zum Knobeln
Probiere
Radiere

Wo passen die Zahlen?

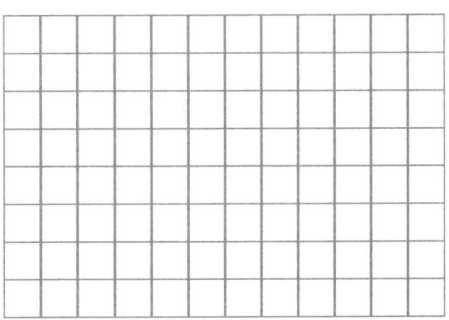

| 1 |
| 3 |
| 4 |
| 5 |
| 6 |
| 8 |

1

| 1 |
| 2 |
| 3 |
| 13 |
| 14 |
| 15 |

4

20   20

20

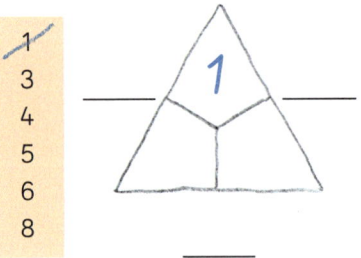

1   0

1

17   18

19

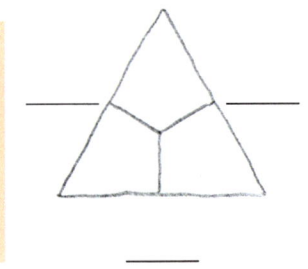

17   10

15

Finde zu jedem Dreieck mehrere Möglichkeiten.

1 und **2** Heft zum Rechnen nutzen.
Beim Rechendreieck jeweils die Zahlen zweier benachbarter Felder addieren.
4 Diff.: Aufgaben mit Zehnerübergang. Ah und Kopiervorlagen nutzen.

1 In jeder Zeile und in jeder Spalte soll ein Dreieck, ein Kreis und ein Quadrat sein. Verteile.

Finde weitere Möglichkeiten.

 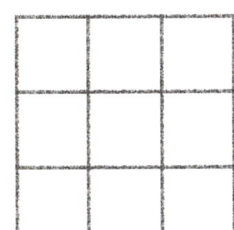 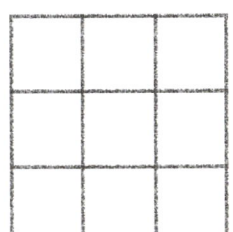 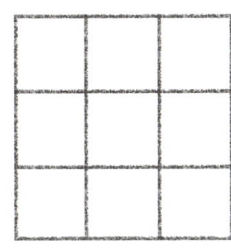

2 Verteile ♡ ◯ △ ☐. Finde 2 Möglichkeiten.

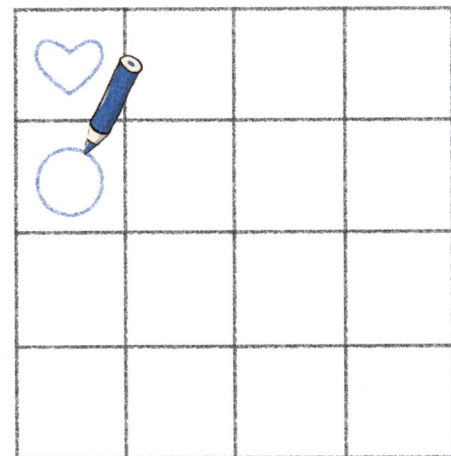 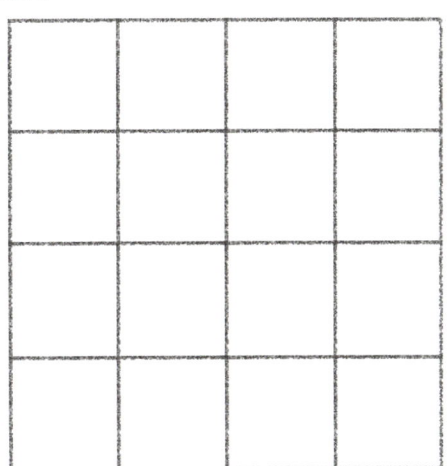

3 Verteile ♡ ◯ △ ☐ so, dass auch in jedem der vier Teilquadrate 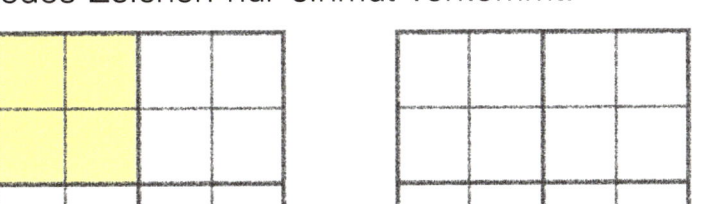 jedes Zeichen nur einmal vorkommt.

 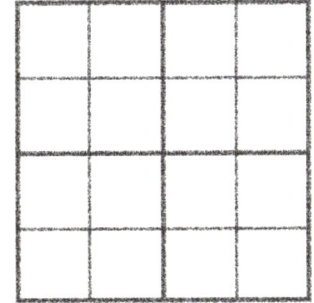 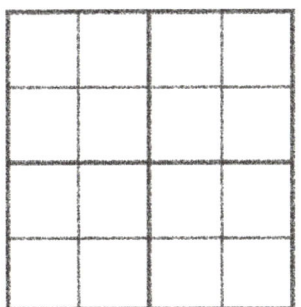

Kopiervorlage nutzen.

1 Spanne eigene Figuren.

Zeichne.

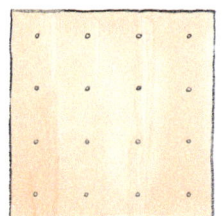

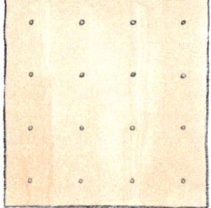

2 Spanne **Dreiecke.**

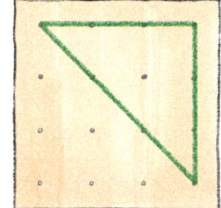 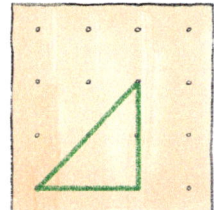   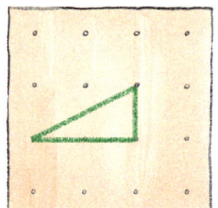

3 Spanne und zeichne eigene Dreiecke.

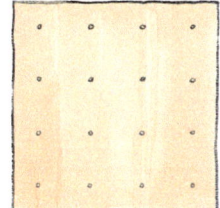 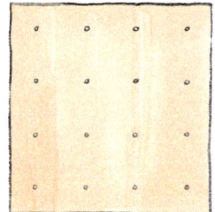 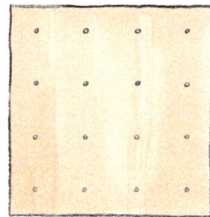 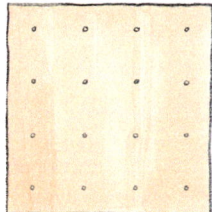 

4 Spanne **Vierecke.**

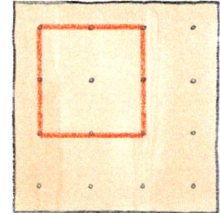 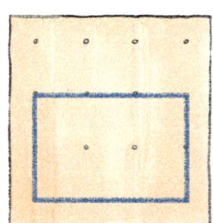 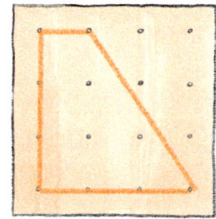 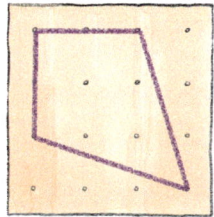 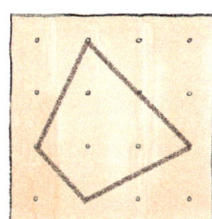

5 Findet möglichst viele **verschiedene** Vierecke.

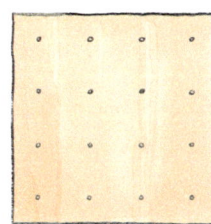 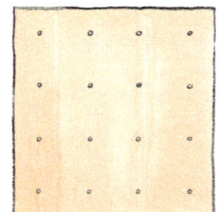  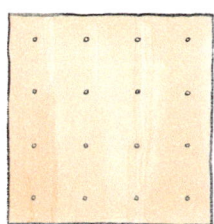 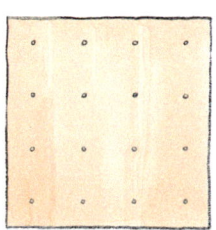

Kopiervorlage nutzen. **3** und **5** Freihandzeichnen.
2 bis **5** Evtl. Flächen ausmalen. **5** Diff.: Vierecke nach Eigenschaften sortieren.

6 Spanne **Rechtecke.**

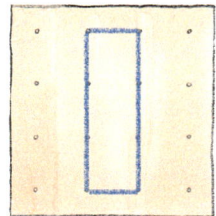 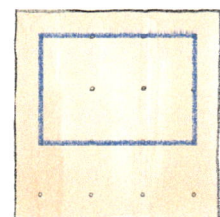 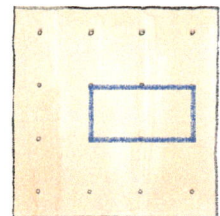 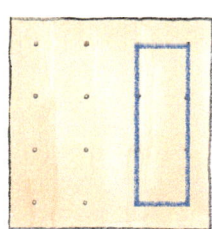 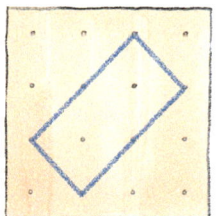

7 Spanne und zeichne Rechtecke.

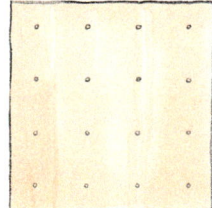   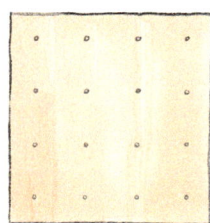 

8 Spanne **Quadrate.**

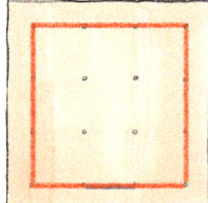  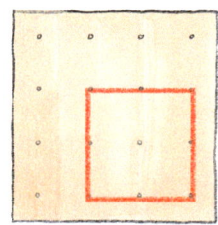 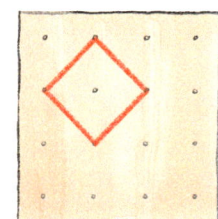 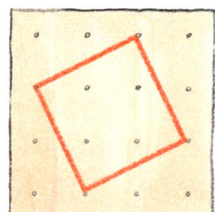

9 Spanne und zeichne Quadrate.

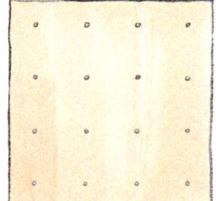 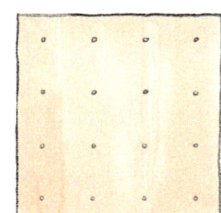 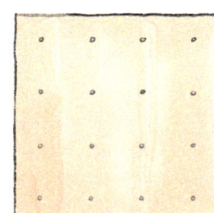  

10 Wie viele Dreiecke, Quadrate und Rechtecke sind jeweils gespannt?

 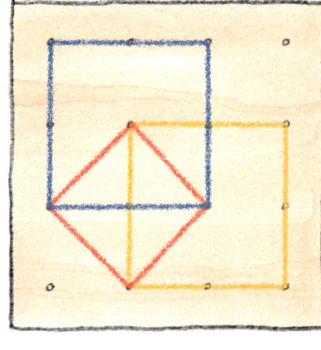 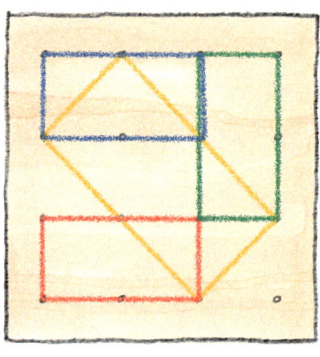

_____ Dreiecke   _____ Quadrate   _____ Rechtecke

6 bis 9 Evtl. Flächen ausmalen. 7 und 9 Freihandzeichnen.
10 Auch eigene Figuren aus Dreiecken, Quadraten oder Rechtecken spannen.
Jahrgangsübergreifendes Arbeiten, vgl. Denken und Rechnen 2, S. 114.

1

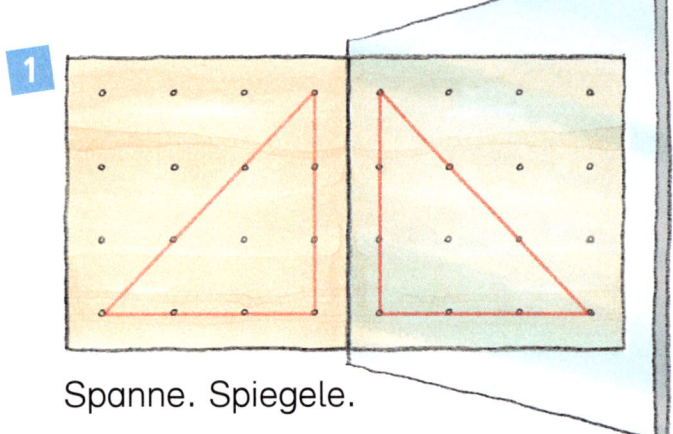
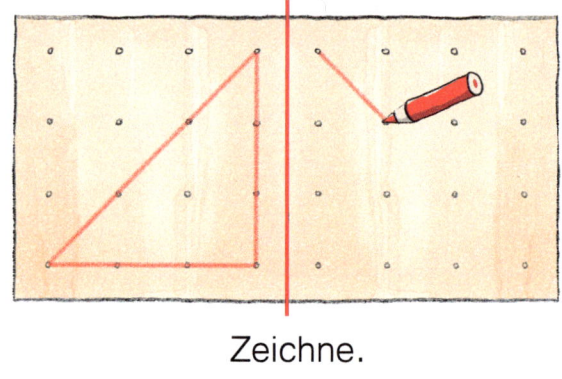

Spanne. Spiegele.

Zeichne.

2 Spanne und zeichne das Spiegelbild.

Überprüft mit einem Spiegel.

Spanne und zeichne eine eigene Figur.

3 Spanne und zeichne das Spiegelbild.

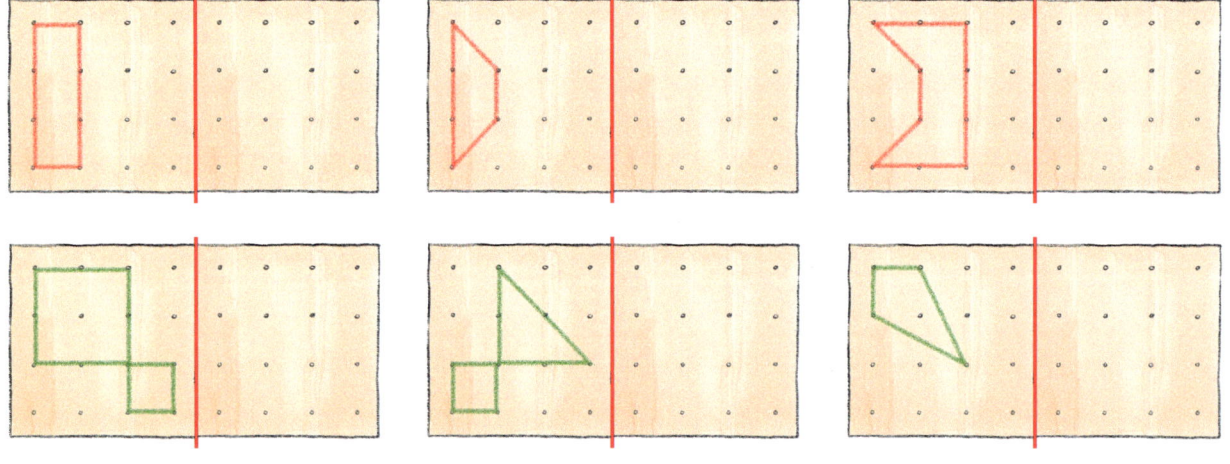

Partnerarbeit: Die Figuren spiegelbildlich spannen. Freihandzeichnen.
2 Letzte Aufgabe offen.
Jahrgangsübergreifendes Arbeiten, vgl. Denken und Rechnen 2, S. 115.

Das muss ich im Schlaf können!

1

10 − ___ = ___

___ Personen bleiben im Lift.

2
10 − 4 = ___   10 − 6 = ___   10 − 8 = ___   10 − 2 = ___
10 − 0 = ___   10 − 1 = ___   10 − 10 = ___   10 − 3 = ___
10 − 5 = ___   10 − 7 = ___   10 − 9 = ___   20 − 6 = ___

3
17 − 7 = ___   19 − 9 = ___   13 − ___ = 10   12 − ___ = 10
12 − 2 = ___   11 − 1 = ___   16 − ___ = 10   17 − ___ = 10
18 − 8 = ___   15 − 5 = ___   19 − ___ = 10   10 − ___ = 10

4

5
5 = 3 + ___   7 = 5 + ___   6 = 3 + ___   9 = 6 + ___   18 = 16 + ___
5 = 4 + ___   7 = 3 + ___   6 = 4 + ___   9 = 5 + ___   18 = 14 + ___

6

− 3		− 2		− 5		− 4		− 6		− 7	
10	7	10		10		10		10		10	
8		7		8		9		8		7	
9		5		6		7		6		9	

7
START
2 →+3→ ☐ →+6→ ☐ →+3→ ☐ →−4→ ☐ →−7→ ☐ →+5→ ☐   ZIEL

14 →+4→ ☐ →+2→ ☐ →−6→ ☐ →−4→ ☐ →−8→ ☐ →+7→ ☐

Voraussetzungen für das Subtrahieren mit Zehnerübergang sichern.

1

Wie rechnest du?

17 – 9

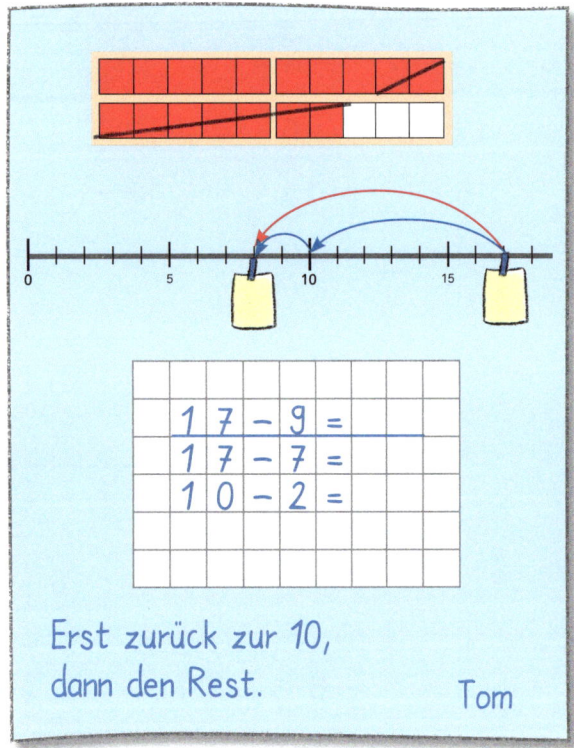

1 7	– 9	=		
1 7	– 7	=		
1 0	– 2	=		

Erst zurück zur 10,
dann den Rest.

Tom

Übungen dazu auf den Seiten 119 bis 121.

So kannst du
auch rechnen:

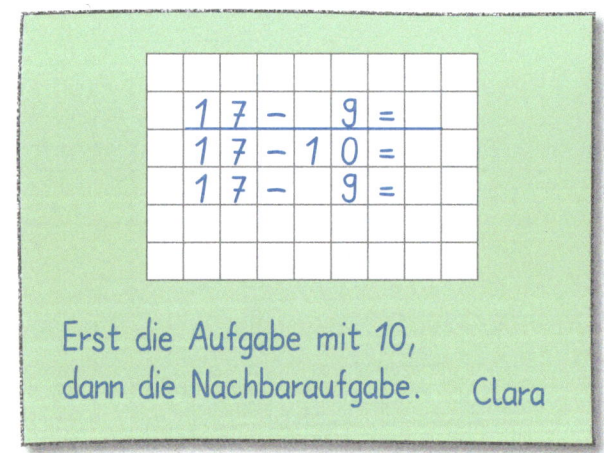

1 7	–	9	=	
1 7	– 1 0		=	
1 7	–	9	=	

Erst die Aufgabe mit 10,
dann die Nachbaraufgabe.

Clara

Übungen dazu auf Seite 122.

W

2 Welche Aufgabe passt zum Bild? Kreuze an. Rechne.

- ○ 4 – 3 = ____
- ○ 7 + 3 = ____
- ○ 7 – 3 = ____

- ○ 4 – 2 = ____
- ○ 4 + 2 = ____
- ○ 6 + 2 = ____

1 Einen eigenen Rechenweg mit oder ohne Material entwickeln. Rechenwege vergleichen.
Toms Rechenweg mit den Anschauungen in Verbindung bringen.

1

Erst zurück zur 10 …

… und dann noch 1 wegnehmen.

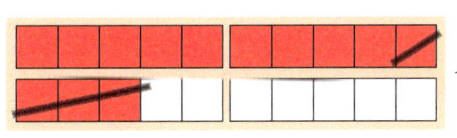

13 − 4 = _____
13 − 3 = **10**
10 − ___ = _____

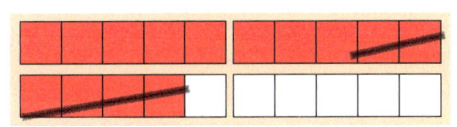

14 − 6 = _____
14 − ___ = **10**
10 − ___ = _____

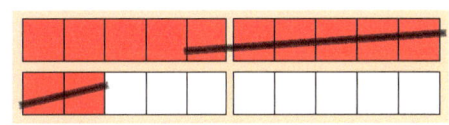

12 − 8 = _____
12 − ___ = **10**
10 − ___ = _____

2

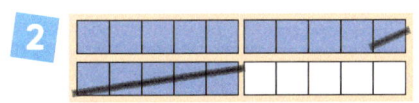

15 − 6 = _____
15 − ___ = 10
10 − ___ = _____

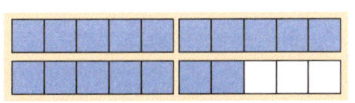

17 − 9 = _____
17 − ___ = 10
10 − ___ = _____

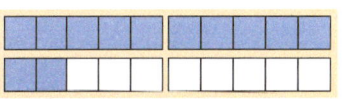

12 − 5 = _____
12 − ___ = 10
10 − ___ = _____

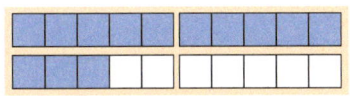

13 − 5 = _____
13 − ___ = _____
_____ − ___ = _____

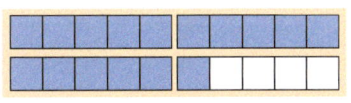

16 − 8 = _____
16 − ___ = _____
_____ − ___ = _____

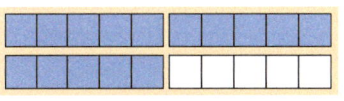

15 − 8 = _____
15 − ___ = _____
_____ − ___ = _____

3

16 − 9 = _____
16 − ___ = _____
_____ − ___ = _____

14 − 5 = _____
14 − ___ = _____
_____ − ___ = _____

12 − 7 = _____
12 − ___ = _____
_____ − ___ = _____

11 − 8 = _____
11 − ___ = _____
_____ − ___ = _____

Immer erst zurück zur 10, dann den Rest subtrahieren.
3 Diff.: Material legen.

1

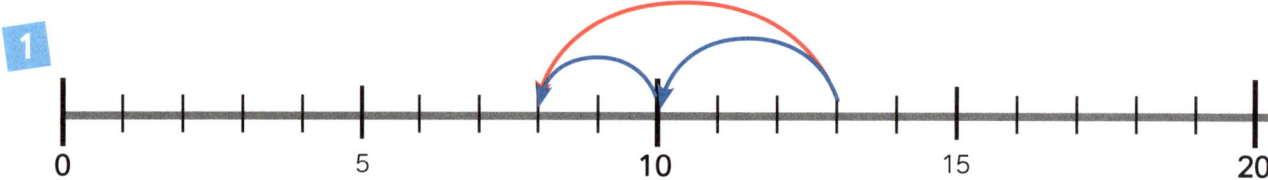

$$13 - 5 =$$
$$13 - \underline{3} = \mathbf{10}$$
$$\mathbf{10} - \underline{2} =$$

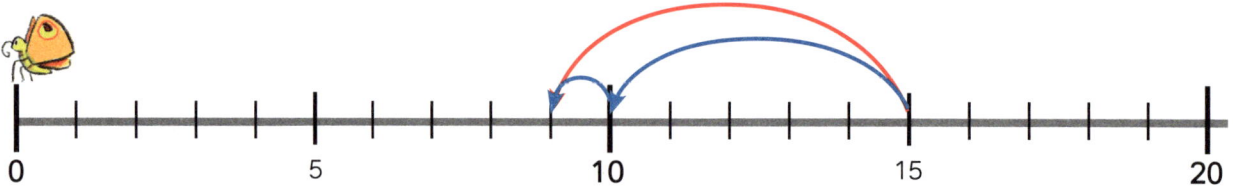

$$15 - 6 =$$
$$15 - \underline{} = \mathbf{10}$$
$$\mathbf{10} - \underline{} = \underline{}$$

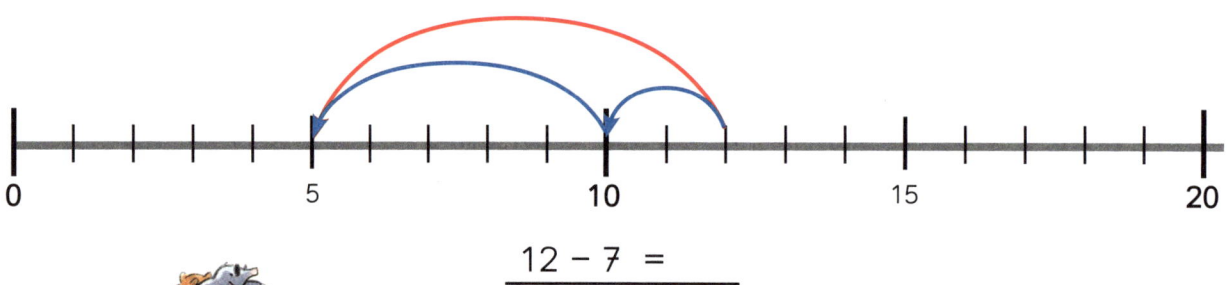

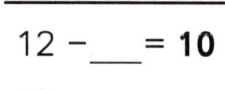

$$12 - 7 =$$
$$12 - \underline{} = \mathbf{10}$$
$$\mathbf{10} - \underline{} = \underline{}$$

2

$13 - 7 =$	$12 - 8 =$	$15 - 7 =$	$15 - 9 =$
$13 - \underline{} = \underline{10}$	$12 - \underline{} = \underline{}$	$15 - \underline{} = \underline{}$	$15 - \underline{} = \underline{}$
$\underline{10} - \underline{} = \underline{}$	$\underline{} - \underline{} = \underline{}$	$\underline{} - \underline{} = \underline{}$	$\underline{} - \underline{} = \underline{}$

$17 - 8 =$	$14 - 8 =$	$11 - 7 =$	$12 - 5 =$
$17 - \underline{} = \underline{}$	$14 - \underline{} = \underline{}$	$11 - \underline{} = \underline{}$	$12 - \underline{} = \underline{}$
$\underline{} - \underline{} = \underline{}$	$\underline{} - \underline{} = \underline{}$	$\underline{} - \underline{} = \underline{}$	$\underline{} - \underline{} = \underline{}$

Erst in einem Sprung zurück zur 10, dann im zweiten Sprung den Rest.
2 Diff.: Material legen.

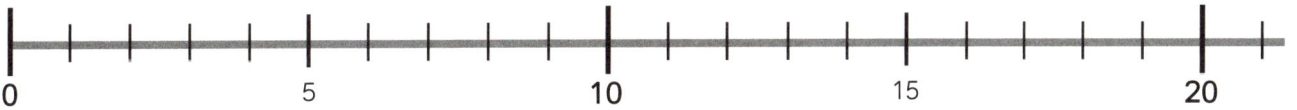

```
0          5          10         15         20
```

1

12 − 5 = ___	13 − 8 = ___	16 − 7 = ___	11 − 6 = ___
12 − ___ = ___	13 − ___ = ___	16 − ___ = ___	11 − ___ = ___
___ − ___ = ___	___ − ___ = ___	___ − ___ = ___	___ − ___ = ___

12 − 7 = ___	13 − 6 = ___	16 − 9 = ___	11 − 7 = ___
12 − ___ = ___	13 − ___ = ___	16 − ___ = ___	11 − ___ = ___
___ − ___ = ___	___ − ___ = ___	___ − ___ = ___	___ − ___ = ___

2

14 − 4 = ___	15 − 5 = ___	12 − 4 = ___	11 − ___ = ___
14 − 5 = ___	15 − 8 = ___	13 − 4 = ___	14 − ___ = ___
14 − 7 = ___	15 − 6 = ___	11 − 4 = ___	13 − ___ = ___
14 − 8 = ___	15 − 7 = ___	15 − 4 = ___	16 − ___ = ___
14 − 9 = ___	15 − 3 = ___	14 − 4 = ___	15 − ___ = ___
14 − 6 = ___	15 − 9 = ___	20 − 4 = ___	12 − ___ = ___

3

_____

_____

1 Evtl. Sprünge am Zahlenstrahl zeigen. Erst in einem Sprung zurück zur 10, dann im zweiten Sprung den Rest subtrahieren.
2 Weiter am Zahlenstrahl orientieren. Letztes Päckchen: Offene Aufgaben. **3** Minusaufgaben finden und rechnen.

1 $14 - 9$

Mit 10 geht es leichter.

| 14 | $14 - 10 = \underline{}$ | $4 + 1 = \underline{}$ |

2 Finde die passende Aufgabe mit 10.

$18 - 9 = \underline{}$ $17 - 9 = \underline{}$ $15 - 9 = \underline{}$ $16 - 9 = \underline{}$

$17 - 10 = \underline{}$ $15 - 10 = \underline{}$ $18 - 10 = \underline{}$ $16 - 10 = \underline{}$

3 Rechne zuerst die passende Aufgabe mit 10.

$\underline{13} - \underline{10} = \underline{}$ $\underline{} - \underline{10} = \underline{}$ $\underline{} - \underline{} = \underline{}$ $\underline{} - \underline{} = \underline{}$
$13 - 9 = \underline{}$ $12 - 9 = \underline{}$ $16 - 9 = \underline{}$ $14 - 9 = \underline{}$

$\underline{} - \underline{} = \underline{}$ $\underline{} - \underline{} = \underline{}$ $\underline{} - \underline{} = \underline{}$ $\underline{} - \underline{} = \underline{}$
$11 - 9 = \underline{}$ $15 - 9 = \underline{}$ $18 - 9 = \underline{}$ $17 - 9 = \underline{}$

4
$14 - 9 = \underline{}$ $16 - 9 = \underline{}$ $17 - 9 = \underline{}$ $15 - 9 = \underline{}$ $13 - 9 = \underline{}$
$14 - 10 = \underline{}$ $16 - 10 = \underline{}$ $17 - 10 = \underline{}$ $15 - 10 = \underline{}$ $13 - 10 = \underline{}$
$14 - 11 = \underline{}$ $16 - 11 = \underline{}$ $17 - 11 = \underline{}$ $15 - 11 = \underline{}$ $13 - 11 = \underline{}$

W

5
$6 - 3 = \underline{}$ $7 - 4 = \underline{}$ $8 - 3 = \underline{}$ $15 - 5 = \underline{}$ $16 - 4 = \underline{}$
$6 + 3 = \underline{}$ $7 + 4 = \underline{}$ $8 + 3 = \underline{}$ $15 + 5 = \underline{}$ $16 + 4 = \underline{}$

$9 - 3 = \underline{}$ $9 - 4 = \underline{}$ $7 - 6 = \underline{}$ $14 - 3 = \underline{}$ $13 - 2 = \underline{}$
$9 + 3 = \underline{}$ $9 + 4 = \underline{}$ $7 + 6 = \underline{}$ $14 + 3 = \underline{}$ $13 + 2 = \underline{}$

1 Rechenstrategie „Hilfsaufgabe mit 10" entdecken: statt −9 erst −10 und dann +1 rechnen.
2 bis 4 Diff.: Zu Aufgabe und Nachbaraufgabe Material legen und vergleichen.

1

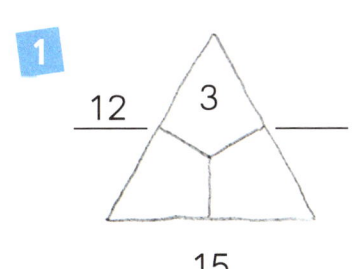
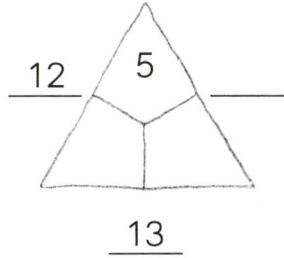
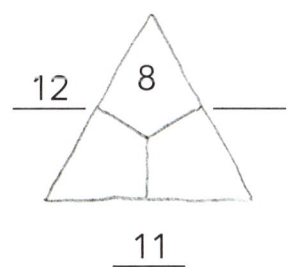
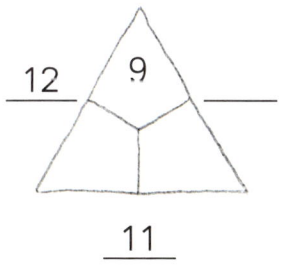

2

 zum Knobeln Probiere Radiere

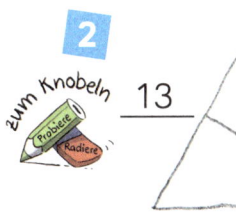
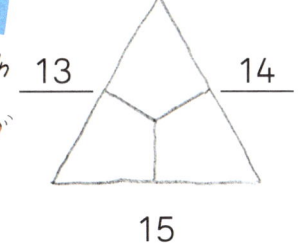
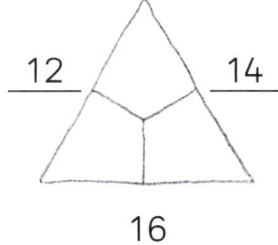
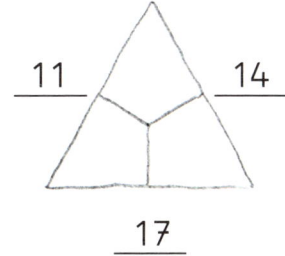
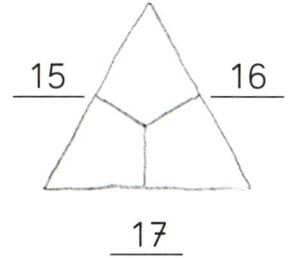

3 Male an. Streiche durch. Rechne.

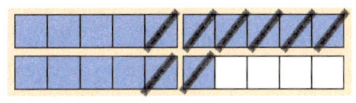
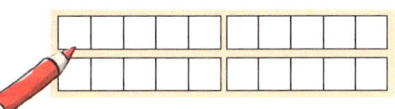
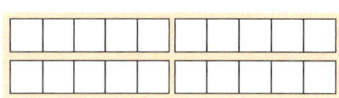

16 − 8 = ____   14 − 8 = ____   15 − 9 = ____

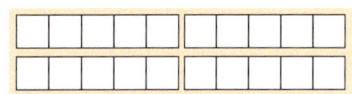
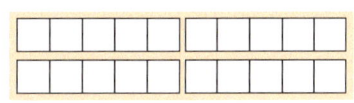
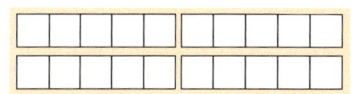

15 − 7 = ____   14 − 5 = ____   12 − 7 = ____

4

11 − 4 = ____	16 − 7 = ____	12 − 6 = ____	13 − 2 = ____	13 − 5 = ____
17 − 9 = ____	14 − 7 = ____	16 − 8 = ____	14 − 9 = ____	15 − 7 = ____
16 − 4 = ____	12 − 7 = ____	15 − 4 = ____	18 − 7 = ____	17 − 8 = ____
13 − 8 = ____	11 − 6 = ____	14 − 5 = ____	12 − 8 = ____	16 − 9 = ____

5

_____

6

5 Kinder sind schon weg.

_____

1

Welche Aufgaben kannst du mit meinen Zahlen rechnen?

2 9 3 12 $9 + 3 =$ _____
3 9 12 $3 + 9 =$ _____
12 9 3 $12 -$ _____
12 3 9 $12 -$ _____

3 Schreibe immer Aufgabenfamilien.

 9 15 6   7 6 13   16 9 7   8 14 6

$9 + 6 =$ _____   _____   _____   _____

_____   _____   _____   _____

_____   _____   _____   _____

_____   _____   _____   _____

 7 8 15   9 17 8   11 4 7   5 8 13

_____   _____   _____   _____

_____   _____   _____   _____

_____   _____   _____   _____

_____   _____   _____   _____

4 Welche Zahlen fehlen? Schreibe Aufgabenfamilien.

 8 ● 5   2 9 ○   ○ 12 18   5 14 ○

_____   _____   _____   _____

_____   _____   _____   _____

_____   _____   _____   _____

_____   _____   _____   _____

5 Ergänze. Erfinde selbst.

$11 + 4 =$ ___

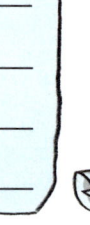
$17 - 3 =$ ___

$19 +$ ___ $=$ ___

1 bis 3 Jeweils 4 Aufgaben rechnen: Tauschaufgaben und Umkehraufgaben.
4 Es gibt jeweils 2 Möglichkeiten. 5 Aufgabenfamilien beenden und offene Aufgaben.

1 Wie viele verschiedene Häuser kannst du malen?

☐ Häuser

2

+	4	5	6
2	6		
3			

+	4	5	6
4			
5			

+	6	7	8
6			
7			

3

2 plus 5 ist gleich ___

+	3	5
1	4	6
2	5	
12		

+	4	6	8
2			
12			
6			

+	0	5	9
9			
8			
7			

4

16 minus 4 ist gleich ___

–	2	4
5	3	1
6	4	2
16	14	

–	5	6	7
7			
8			
18			

–	2	4	6
12			
13			
14			

5

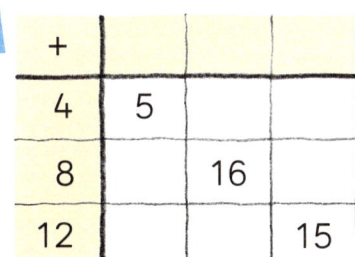

+			
4	5		
8		16	
12			15

–			
10	6	5	4
9			
6			

–			
	1	2	3
	4	5	6
	7	8	9

Mehrere Möglichkeiten.

Evtl. Kopiervorlage nutzen. **1** Mit Rechtecken und Dreiecken Häuser legen. 8 Kombinationen.
5 Fehlende Randzahlen ermitteln, für die rechte Rechentafel selbst festlegen.

1 3 + ☐ =

Äpfel	⟋⟋⟋⟋⟋ ⟋⟋⟋⟋⟋ ⟋⟋⟋	13
Tomaten		
Bananen		
Gurken		

5 Male und rechne.

8 + 4 = _____   9 + 3 = _____

Partnerarbeit: Rechengeschichten erzählen. Aufgaben schreiben und lösen.

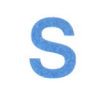

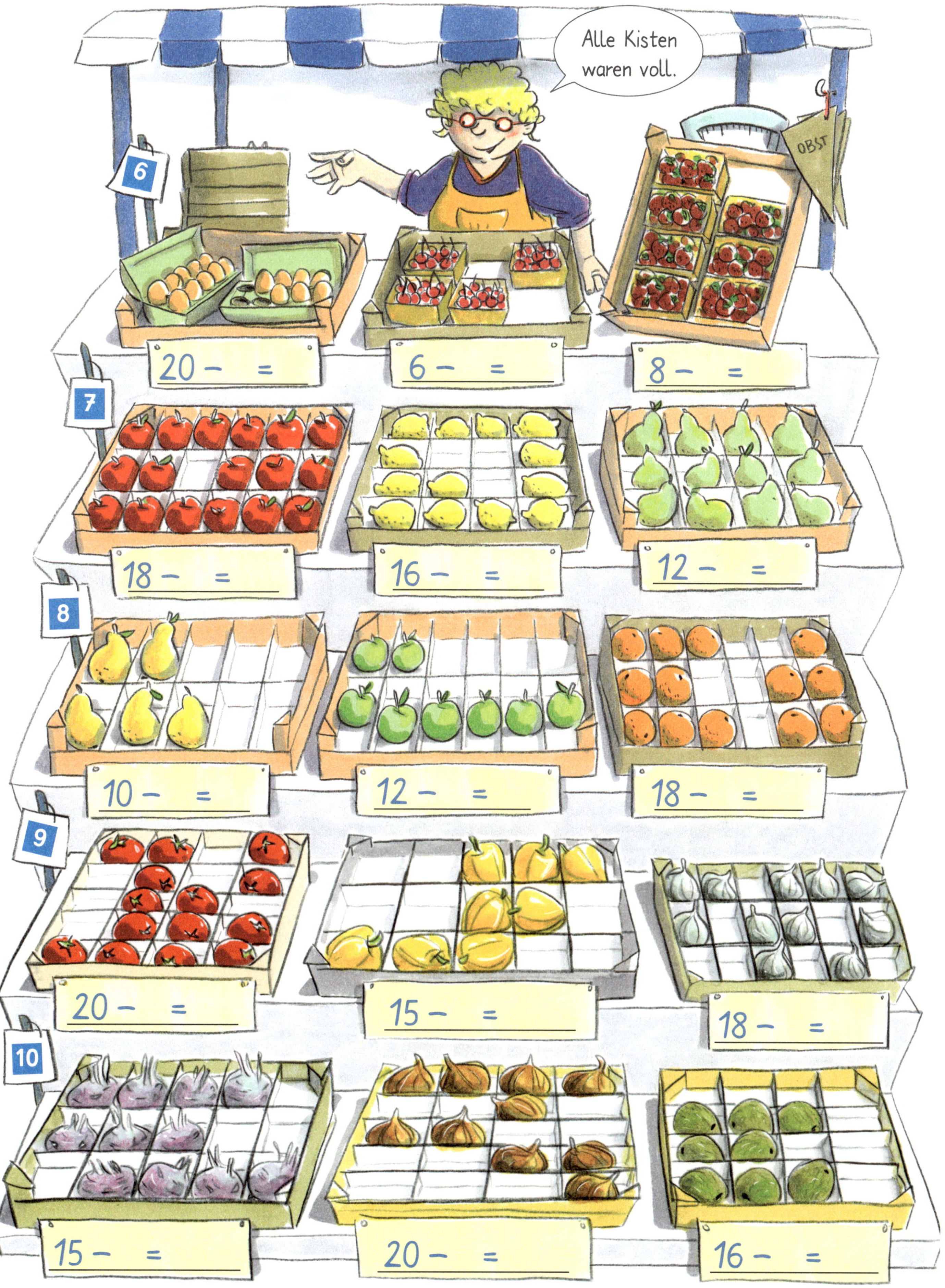
Alle Kisten waren voll.
OBST
6
20 − =
6 − =
8 − =
7
18 − =
16 − =
12 − =
8
10 − =
12 − =
18 − =
9
20 − =
15 − =
18 − =
10
15 − =
20 − =
16 − =

Jahrgangsübergreifendes Arbeiten, vgl. Denken und Rechnen 2, S. 122 bis 124.

Welches Bild passt zur Aufgabe? Rechne. Kreuze an.

1 9 – 3 = _____

○    ○    ○

2 16 – 5 = _____

○    ○    ○

3 12 – 3 = _____

○    ○    ○

4 Male und rechne.

12 – 4 = _____

16 – 7 = _____

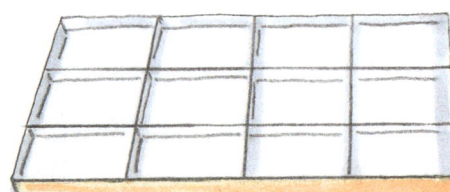

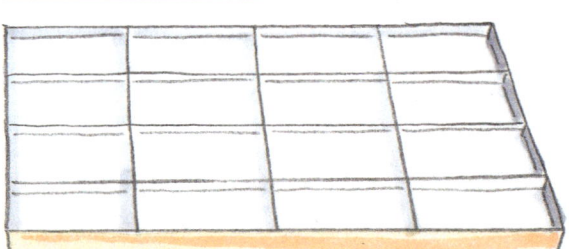

W

5

6 + 3 = ___	6 + 6 = ___	4 + 6 = ___	🐝 9 + 5 = ___	🐝 4 + 7 = ___
7 + 2 = ___	5 + 7 = ___	3 + 7 = ___	8 + 6 = ___	3 + 8 = ___
3 + 5 = ___	8 + 8 = ___	7 + 5 = ___	7 + 8 = ___	8 + 5 = ___
4 + 4 = ___	7 + 9 = ___	8 + 4 = ___	6 + 9 = ___	7 + 6 = ___

1 bis **3** Zu einer Aufgabe die passende Rechengeschichte auswählen.
4 Zu einer vorgegebenen Aufgabe die passende Rechengeschichte malen.
5 Konstante Ergebnisse entdecken und begründen.

1 Wie viele Früchte sind es? Zeichne.

2 Lara hat ein Säulendiagramm gezeichnet. Erkläre.

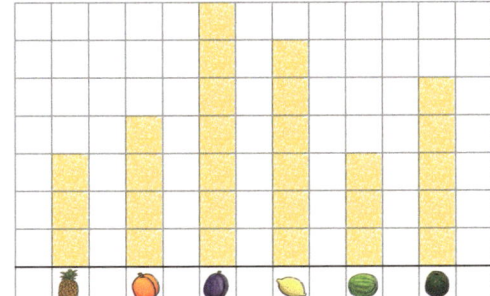

3 Zeichne ein Säulendiagramm zu den Gemüsesorten auf dem Bild.

4 a) Welches Obst essen die Kinder in der Klasse am liebsten?

b) Zeichne ein Diagramm dazu.

1 bis 3 Daten in den Diagrammen auswerten.
4 Eine Umfrage in der Klasse durchführen. Daten in einer Strichliste festhalten.
Jahrgangsübergreifendes Arbeiten, vgl. Denken und Rechnen 2, S. 126 und 127

1 Tausche die Münzen. Verbinde.

Das sind **Cent**-Münzen.

___1__ Cent

_____ Cent

_____ Cent

_____ Cent

_____ Cent

_____ Cent

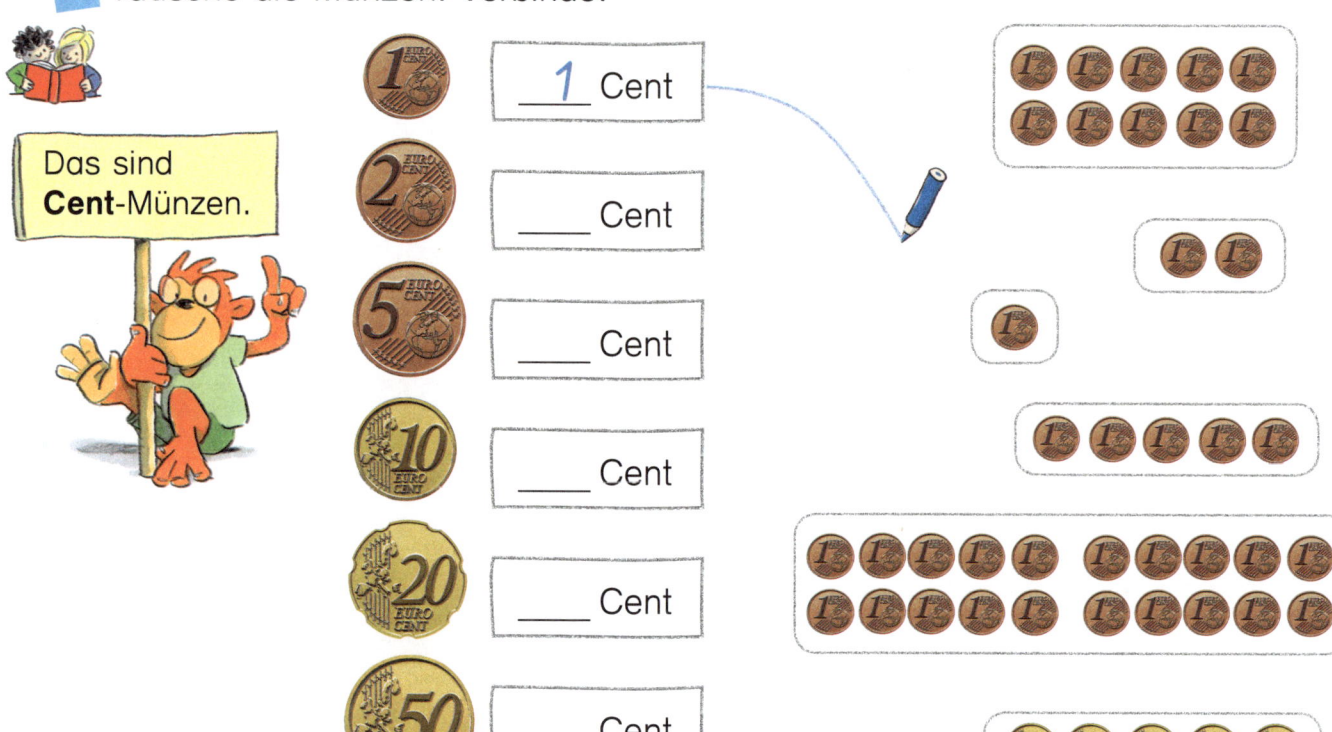

2 Wie viel Cent haben die Kinder gelegt? Cent

Ole ____ ct

Lisa ____ ct

Elsa ____ ct

Mona ____ ct

Erem ____ ct

Luca ____ ct

Tim _____ ct

Lea _____

Emma _____

Kemal _____

Maria _____

Paul _____

3 Immer 10 Cent.

1 Partnerarbeit: Geldbeträge legen und wechseln.
3 Kein Rest: Insgesamt 60 ct.
Jahrgangsübergreifendes Arbeiten, vgl. Denken und Rechnen 2, S. 128 und 129.

1 Wer hat am meisten Geld?

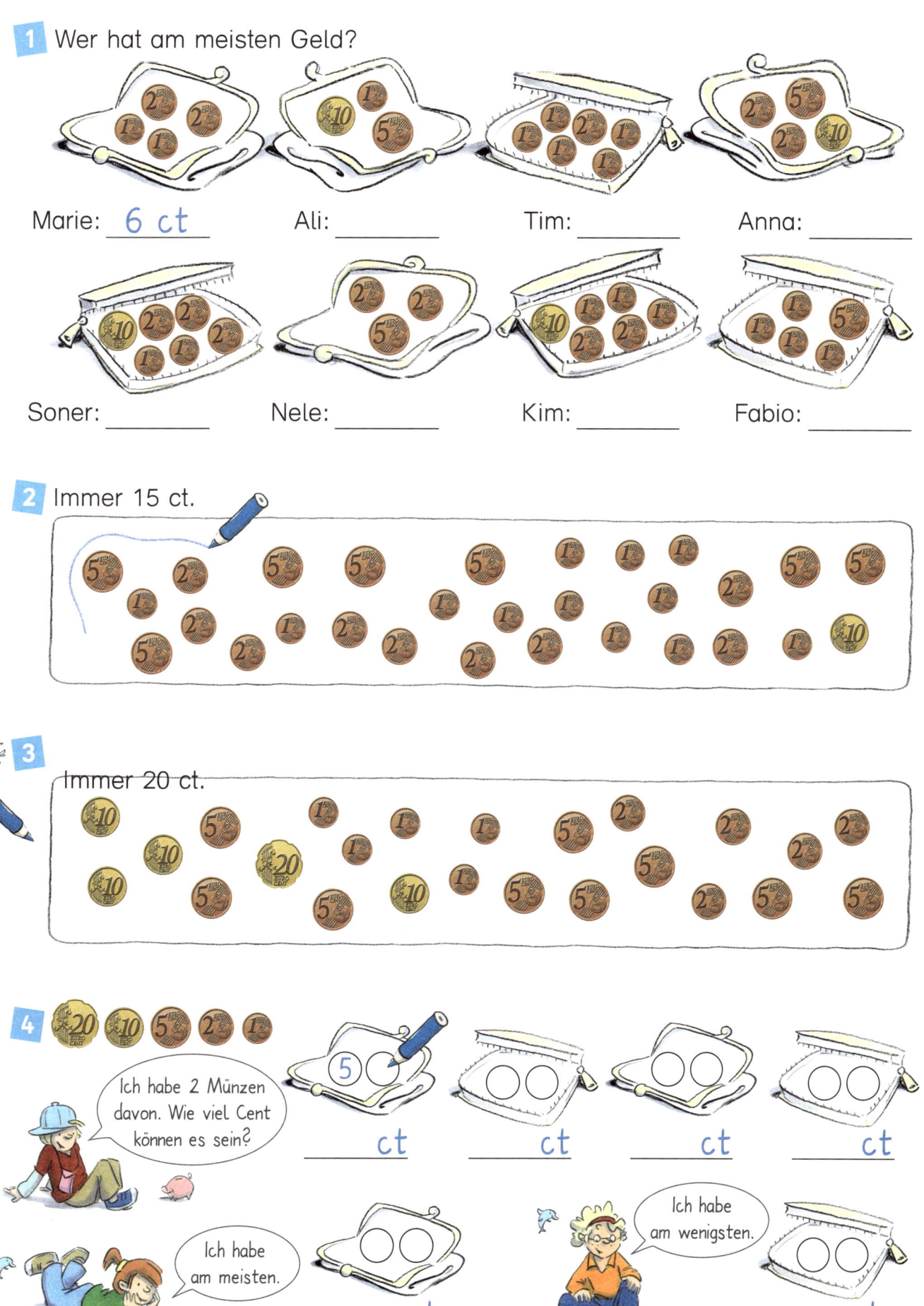

Marie: **6 ct**   Ali: _____   Tim: _____   Anna: _____

Soner: _____   Nele: _____   Kim: _____   Fabio: _____

2 Immer 15 ct.

3 Immer 20 ct.

4

Ich habe 2 Münzen davon. Wie viel Cent können es sein?

5 __ ct   __ __ ct   __ __ ct   __ __ ct

Ich habe am meisten.

__ __ ct

Ich habe am wenigsten.

__ __ ct

2 Kein Rest: Insgesamt 75 ct. **3** Kein Rest: Insgesamt 120 ct.
4 Diff.: Alle 10 Möglichkeiten finden. Auch Beträge über 20 ct sind möglich.

1 Aktion Gesundes Frühstück

1 Apfel 10 ct

1 Brot 20 ct

Mit welchen Münzen kannst du bezahlen?

Ein Apfel

5 2 2

Ein Brot

10 5 2

2 Lege und zeichne Münzen.

12 ct

16 ct

19 ct

30 ct

3 Kreuze an.

zum Knobeln Probiere Radiere

Kann ich mit 6 Münzen 18 ct legen?

◯ Ja.
◯ Nein.

Kann ich mit 2 Münzen 13 ct legen?

◯ Ja.
◯ Nein.

3 Münzen legen. Probieren. Begründen.

1

_____ €   _____ €   _____ €   _____ €   _____ €

€ bedeutet Euro.

2

3 Immer 12 €.

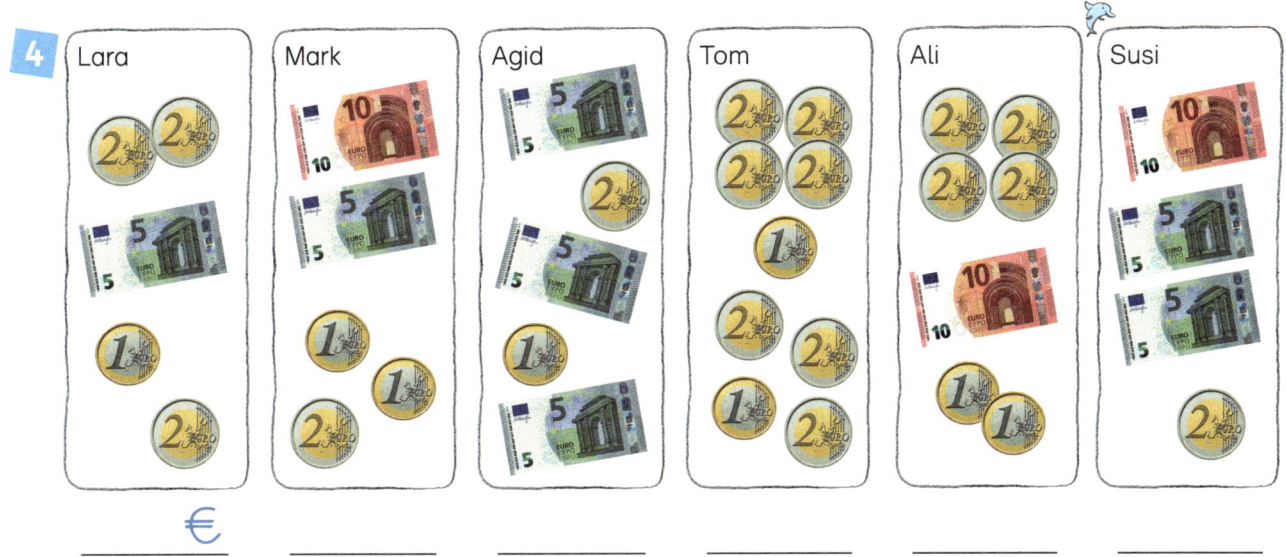

4

| Lara | Mark | Agid | Tom | Ali | Susi |

_____ €   _____   _____   _____   _____   _____

5 Kreuze an.

Kann ich mit 5 Scheinen 20 € legen?

○ Ja.
○ Nein.

Kann ich mit 3 Scheinen 20 € legen?

○ Ja.
○ Nein.

3 Kein Rest: Insgesamt 48 €. **5** Legen und begründen.

1

____ € + ____ € = ____ €

____ € + ____ € = ____ €

____ € + ____ € = ____ €

____ € + ____ € = ____ €

____ € + ____ € = ____ €

____ € + ____ € = ____ €

 2

_____

_____

3 Was würdest du kaufen?

Du hast 10 €.	Du hast 14 €.	Du hast 20 €.

_____ _____ _____

Einen eigenen Flohmarkt mit der Klasse organisieren. Die Preise diskutieren.
1 Preise und Summen eintragen. 3 Malen oder schreiben. Es darf Geld übrig bleiben.
Jahrgangsübergreifendes Arbeiten, vgl. Denken und Rechnen 2, S. 134.

1 Schnuddel will immer zwei Eier in ein Nest legen.
Jedes Nest soll **anders** aussehen.

 Wie viele Möglichkeiten gibt es?

2 Schnuddel hat jetzt vier Farben.

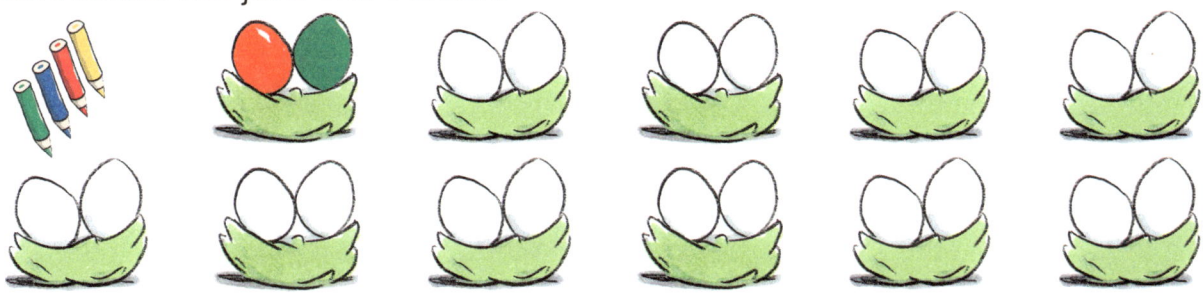

3 Jetzt hat Schnuddel fünf Farben.

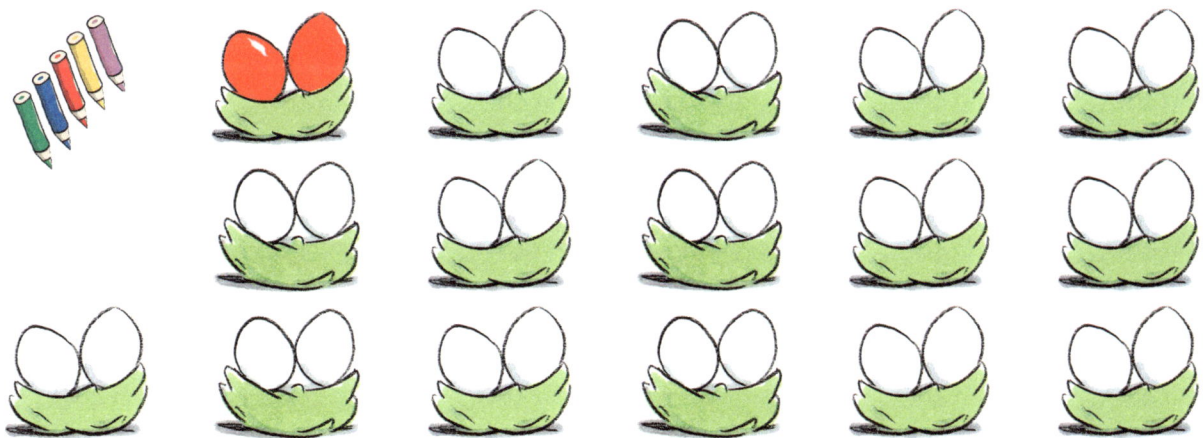

4

+4		−4		+5		−5		+6		−6	
6	10	15		6		17		9		18	
9		14		7		14		5		12	
7		13		9		11		8		13	

1 bis **3** Kombinationen besprechen. Durch Anordnen Systematik entdecken.
Nicht die Lage, nur die Farben sind wichtig (rot-blau = blau-rot).
Bei jeder Aufgabe ein überzähliges Nest. Kopiervorlage nutzen.
Jahrgangsübergreifendes Arbeiten, vgl. Denken und Rechnen 2, S. 132 und 133.

Uhrzeiten – Der Tageslauf

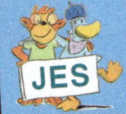

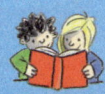

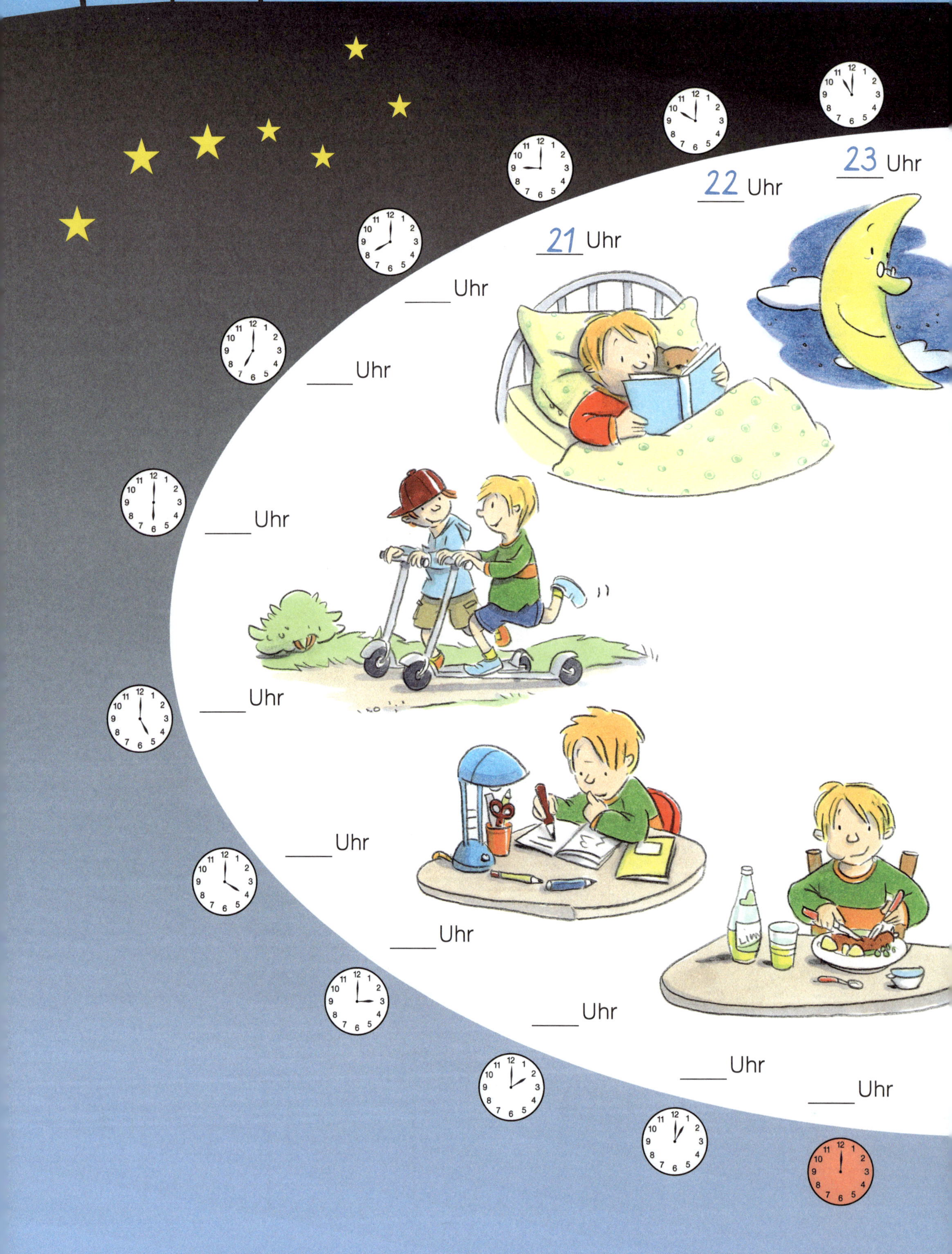
23 Uhr
22 Uhr
21 Uhr
___ Uhr
___ Uhr
___ Uhr
___ Uhr
___ Uhr
___ Uhr
___ Uhr
___ Uhr
___ Uhr

Tagesabläufe erzählen und vergleichen.
Fehlende Uhrzeiten eintragen. Bilder den Uhrzeiten zuordnen, evtl. mehrere.
Den eigenen Tagesablauf einbeziehen. Evtl. Kopiervorlage nutzen.

24 Uhr
0 Uhr

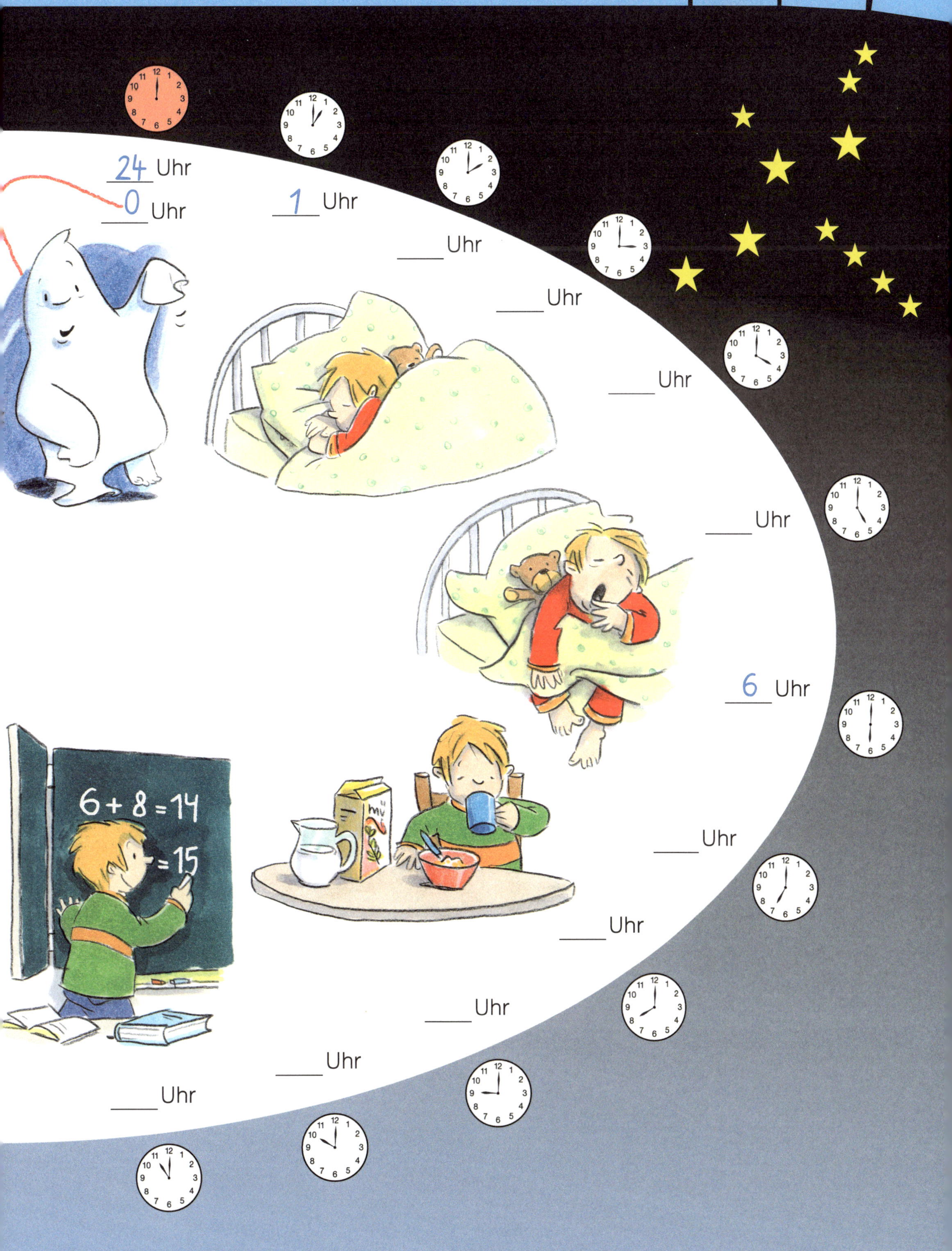

1 Uhr

____ Uhr

____ Uhr

____ Uhr

____ Uhr

6 Uhr

____ Uhr

____ Uhr

____ Uhr

____ Uhr

____ Uhr

6 + 8 = 14
     = 15

1

Wie mache ich das bloß?

Wie viele Steckwürfel sind es wohl?

Ich schätze: _____   Ich zähle: _____

2 Kreise immer 10 ein.

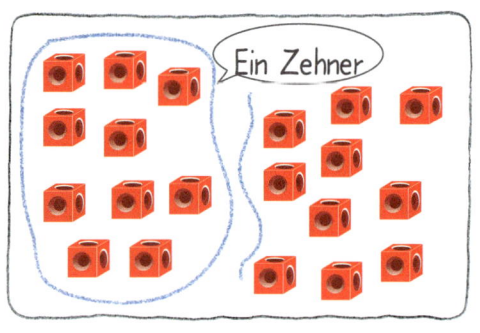

Ein Zehner

Z	E

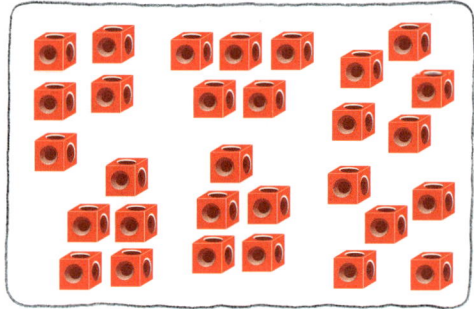

Z	E

3 Kreise immer 10 ein.

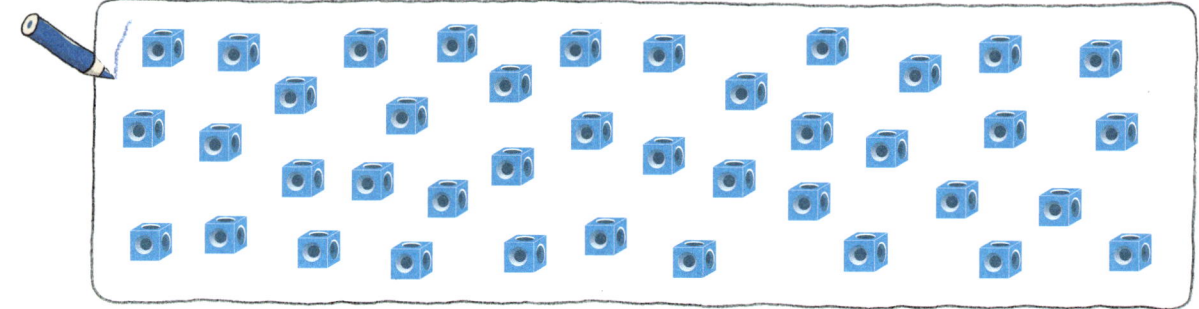

Z	E

Z	E

W

4
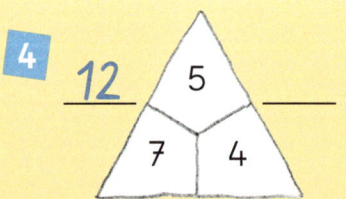

12   5   ___
7   4

___
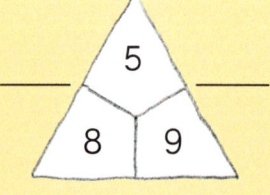   5
8   9

___

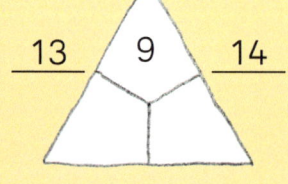
13   9   14

___

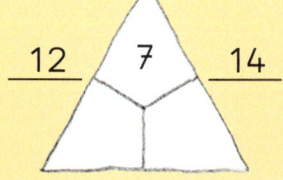
12   7   14

___

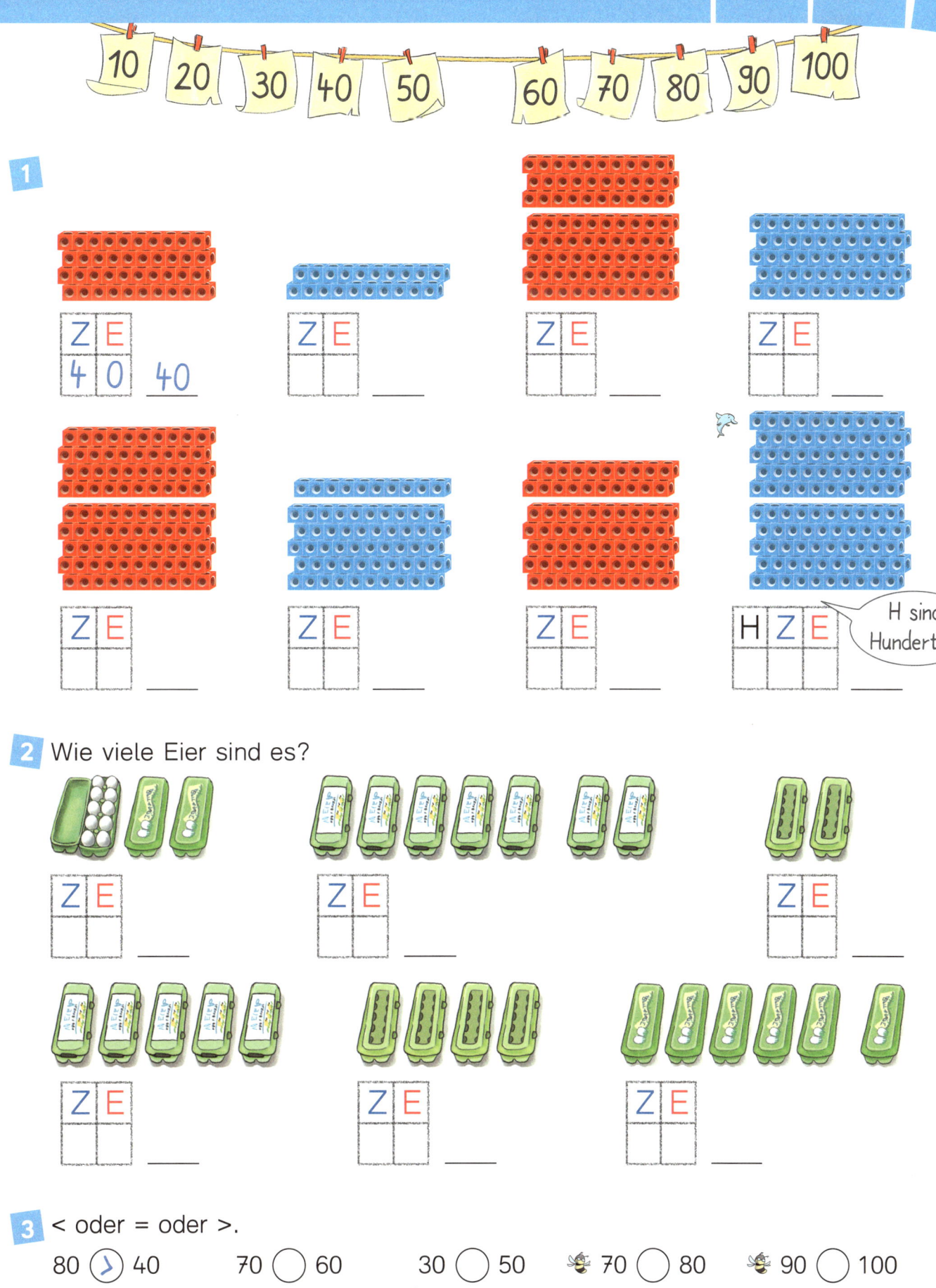

1

Z	E
4	0

40

Z	E

____

Z	E

____

Z	E

____

Z	E

____

Z	E

____

Z	E

____

H	Z	E

____

H sind Hunderter.

2 Wie viele Eier sind es?

Z	E

____

Z	E

____

Z	E

____

Z	E

____

Z	E

____

Z	E

____

3 < oder = oder >.

80 ⟩ 40   70 ◯ 60   30 ◯ 50   🐝 70 ◯ 80   🐝 90 ◯ 100

80 ◯ 70   60 ◯ 60   20 ◯ 20   30 ◯ 40   50 ◯ 60

80 ◯ 90   30 ◯ 60   80 ◯ 50   30 ◯ 20   80 ◯ 100

1 und 2 Anzahlen in der Stellenwerttafel notieren. Zahl dazu schreiben.
3 Zehnerzahlen vergleichen.

1

100 ct = 1 €

Ein Euro?

Wechsele.

Immer 1 €.

2 Immer 50 ct.

3 Wie viel Geld haben die Kinder?

Eva: _50 ct_   Jana: ____ ct   Simon: ____ ct   Mehmet: ____ ct

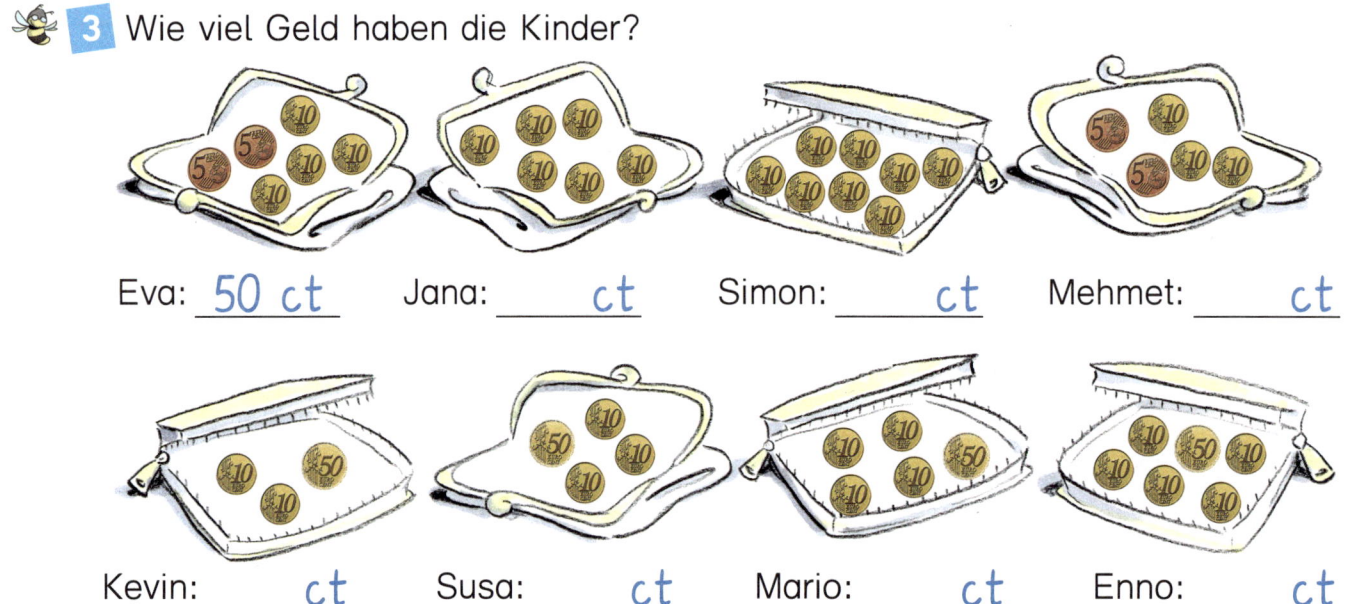

Kevin: ____ ct   Susa: ____ ct   Mario: ____ ct   Enno: ____ ct

1 10 ct bleiben übrig. Insgesamt 6,10 €.
2 30 ct bleiben übrig. Insgesamt 5,30 €.

Brötchen 30 ct   Hörnchen 70 ct   Mohnbrötchen 50 ct   Kakao 60 ct

1 Bezahle.

2 Was würdest du kaufen?

Du hast 1 €.

Du hast 2 €.

3 Welche Münzen können in der Schachtel sein?

50

2 Malen oder schreiben. Es darf Geld übrig bleiben.
3 Mehrere Lösungen. Eine Aufgabe ist nicht lösbar. Münzen legen.

1 Adam Ries war ein berühmter Rechenmeister.
Er lebte vor etwa 500 Jahren.
In Erfurt (Thüringen) und in Annaberg-Buchholz
(Sachsen) gründete er Rechenschulen.

2 Adam Ries legte Rechenpfennige
an bestimmte Stellen
auf das Rechenbrett.

Wie heißt die dargestellte Zahl?

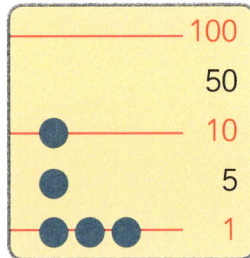

Zahl: _____

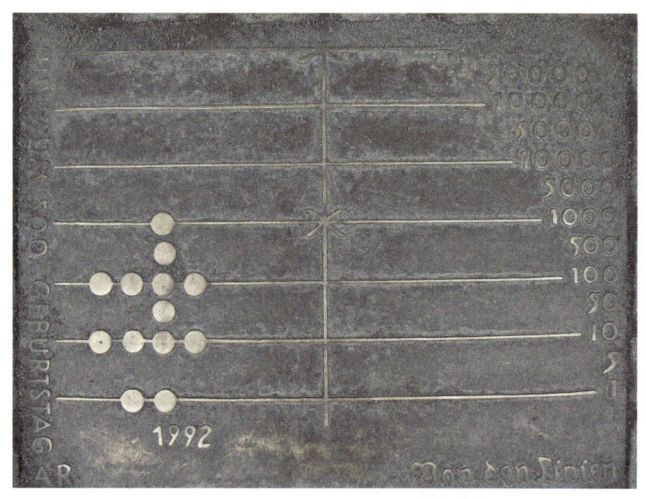

Rechenbrett vor dem Haus zum Schwarzen Horn, Erfurt

3 Welche Zahlen sind dargestellt?

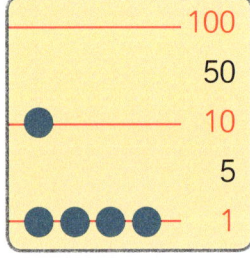
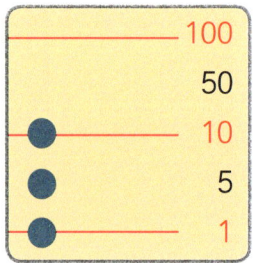
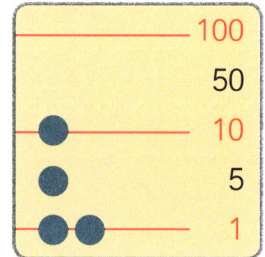
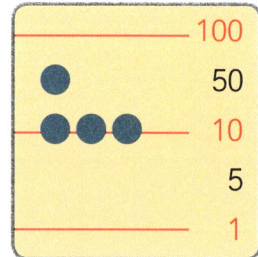

_____ _____ _____ _____

4 Stelle selbst Zahlen dar.

_____ _____ _____ _____

2 Über die Anordnung der Zahlenwerte auf und zwischen den Zeilen sprechen.

1

Wassily Kandinsky „Schweres Rot"

Wo sehen die Kinder im Bild die Figuren?
Zeige.

Ich sehe ein grünes Dreieck.

Ich sehe 9 kleine Quadrate.

Ich sehe 9 blaue Kreise.

Ich sehe ...

Stellt euch Suchaufgaben.

2

Ines

Welche Formen hat Ines verwendet?
Beschreibe sie.

4 Gestaltet auch ein Bild
mit geometrischen Formen.

3

Leon

Wie viele Vierecke, Dreiecke und
Kreise hat Leon gezeichnet?

Vierecke	Dreiecke	Kreise
I		

1

5 Kinder sind schon im Bus.

_____

2

Da kommen noch 8.

_____

3 Verbinde, was gleich ist.

| 12 – 5 | 8 + 7 | 13 – 5 | 6 + 8 | 14 – 5 | 7 + 9 | 19 – 6 | 9 + 8 |

| 15 | 7 | 9 | 8 | 14 | 13 | 17 | 16 |

4

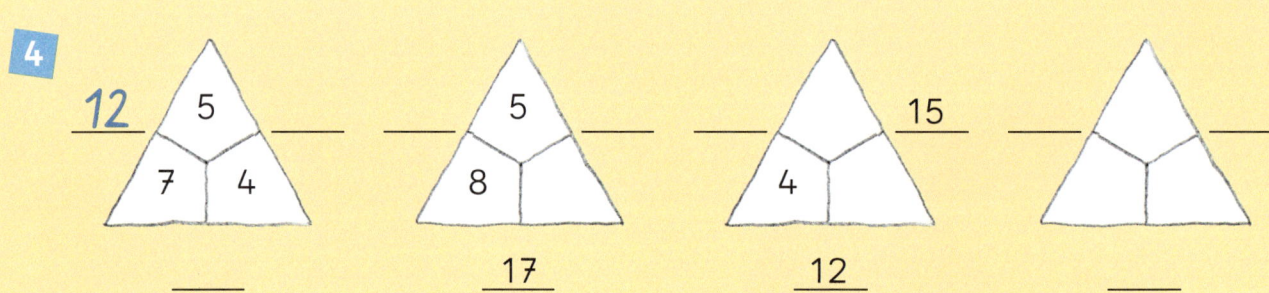

12   5
7   4
_____

5
8
17

15
4
12

_____

5

_____ ct   _____ ct   _____ €   _____ €

6 Zähle.

Kreise [   ]   Dreiecke [   ]   Rechtecke [   ]   Quadrate [   ]

Das Zehnerfeld

Das Zwanzigerfeld

Der Zahlenstrahl bis 10

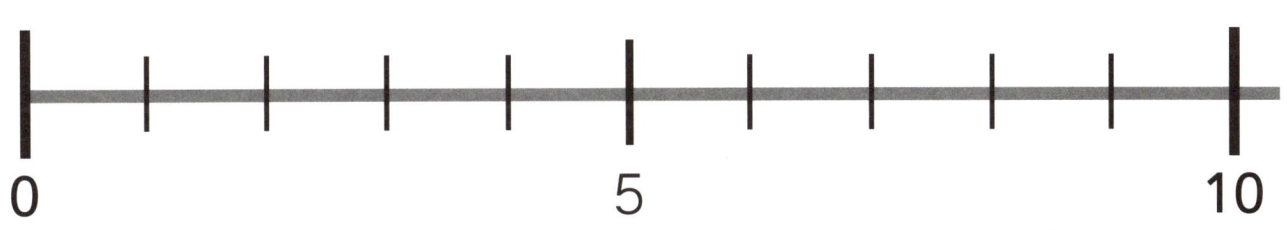

0   5   10

Der Zahlenstrahl bis 20

0   10   20